楽天証券経済研究所
所長兼チーフ・ストラテジスト

窪田真之

NISAで利回り5％を稼ぐ
高配当投資術

なぜバフェットは日本株を買うのか

日本経済新聞出版

はじめに

バブル銘柄と逆バブル銘柄の同居

私が本書で強調したいメッセージは、日本株に起きている「逆バブル」に気づいてほしいということです。

日経平均は一時3万円を超え、「かなり上がってしまった」「バブルではないか」と思う人もいるようです。確かに、超人気で、とんでもなく高い水準まで買われている銘柄がありま す。一方、人気がないために株価低迷が続き、利益や配当から見てあり得ないほど割安に放置されている銘柄もあります。つまり、今の日本株にはバブルと逆バブルが同居しているのです。

私は日本株のファンドマネージャーとして25年間、年金・投資信託・海外ファンドの日本株運用を担当してきました。20代で1000億円以上、40代で2000億円以上のファンドを動かし、競争相手である東証株価指数（TOPIX）を大幅に上回るパフォーマンスをあげてきました。

私がファンドマネージャー時代に徹底してきたのは「割安な株を買うこと」です。株価が大きく下がった株、配当利回りが高い株、いろいろな株価指標から見て割安な株の中から宝物を発掘してきました。言い方を変えると、不人気でみんなに嫌われている株の中に埋もれている宝物を探し続けてきました。

みんなが熱狂している人気株を買ったほうがよいと思う人がいるかもしれませんが、注意が必要です。人の気は移ろいやすいものです。今年人気でも、来年にはあきられて落ちぶれる「一発屋芸人」のような株もたくさんあります。5年経っても10年経っても人気の落ちない「真の成長株」を見つけるのは結構難しいことです。

それよりは、人々に嫌われて株価が低迷している株の中から「逆バブル」株を探し出して投資したほうがよい投資になります。私はファンドマネージャー時代、このことに徹底し成果を出してきました。

ところで、「逆バブル」の意味、わかりますか。「バブル」ならよく聞くけれど、「逆バブル」はあまり聞いたことがないかもしれません。私は以下のように定義しています。

【バブル】グロース（成長）株を夢だけで熱狂的に買い上げ、企業価値では説明できない高値まで上昇させてしまうこと。

【逆バブル】バリュー（割安）株を夢がないと売り込み、企業価値では説明できない安値まで暴落させてしまうこと。

時代の波に乗ったグロース株が熱狂的に買い上げられる中、配当利回りが高いバリュー株に「逆バブル」が増加しています。逆バブル株をコツコツと買いためていくことが、資産形成の早道です。

高利回りを狙うならば、債券より株

株式投資というと「値上がり益狙い」と思い込んでいる人が多いですが、少し発想を変えてほしいと思います。長期金利（10年国債利回り）が0％近くまで落ち込んでしまった一方で、日本株に配当利回り5％を超える銘柄が多数あるからです。

以前の日本株と言えば、確かに配当ではなく値上がりを狙って買う投資対象でした。1993年ころ、東証一部の平均配当利回りは1％もありませんでした。当時、長期金利（新発10年国債利回り）が5％近くあったことを考えると、株の利回りは低すぎてお話になりませんでした。

ところが、その後長期金利が下がり続ける中で、日本株の利回りは上昇し続けました。日本企業が株主への利益配分を、毎年こつこつと増やし続けてきた効果が出ています。一方、

東証一部の平均配当利回りと
長期金利（10年国債利回り）の推移（1993年5月-2021年4月）

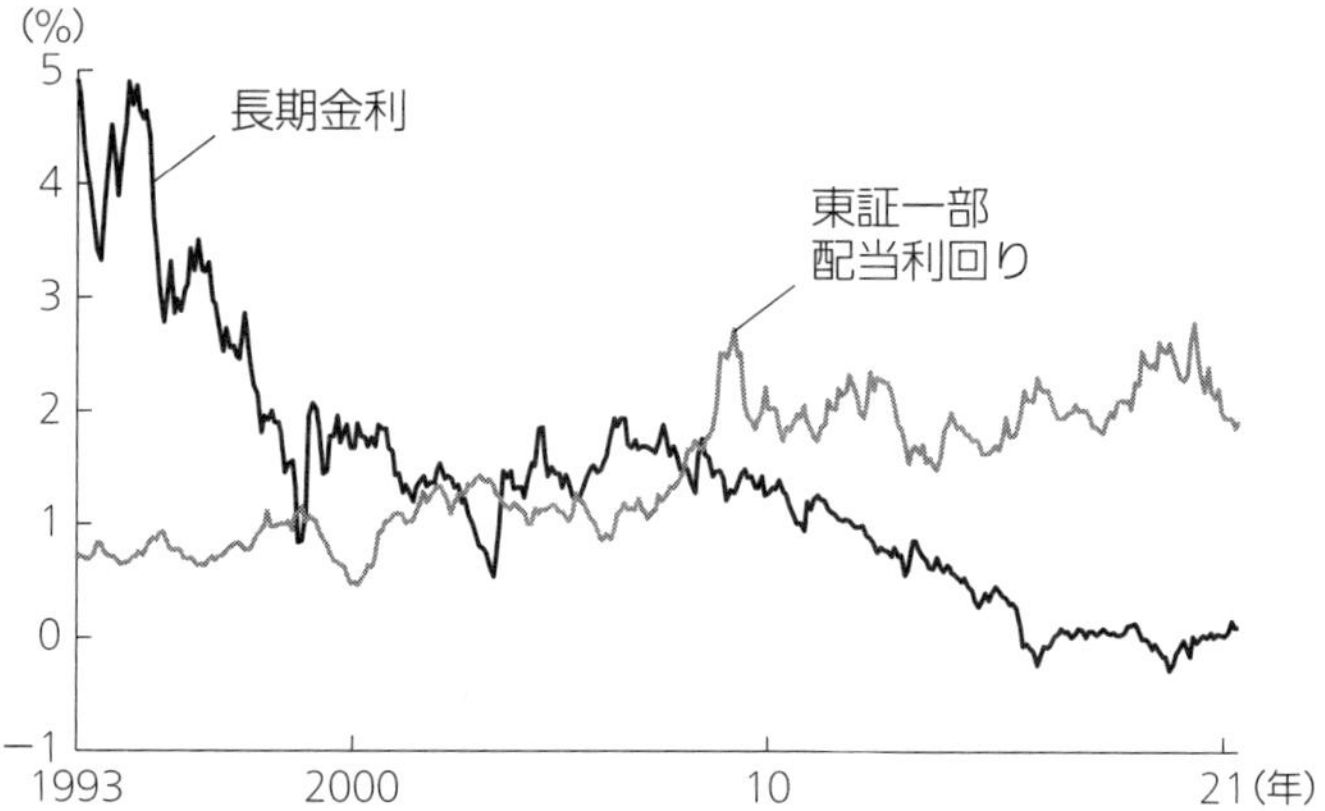

（出所）楽天証券経済研究所作成。

長期金利はどんどん下がって、ついにゼロになってしまいました。

ところで、読者の皆さんは93年ころ日本の長期金利が５％もあったことを覚えていますか。当時10年新発国債を買えば、10年間で税引き前50％の確定利回りを得られました。すばらしいリターンです。それでも当時、５％の利回りに魅力を感じる投資家はあまりいませんでした。なぜでしょうか？

今では信じられないことかもしれませんが、当時はインフレ期待が高く、５％程度の利回りではインフレを十分にカバーできないと考えられていました。70年代のオイルショック時に、日本のインフレ率が10％まで上がった時の記憶を引きずっている人がたくさんいました。インフレに弱い国債投資より、インフレに強い不動産や株式投資のほうがいいと考える人が多かったのです。

当時は日本がデフレ社会に突入する入り口でした。今から思えば、値上がり益を狙って動くものを追いかけるより、じっくり長期国債で利回りを狙う投資をすべきでした。

それでは、これからの10年はどうでしょうか。長期国債（10年固定利付）の利回りがゼロになってしまったため、国債の投資魅力は消滅しました。

そこで注目されるのが、日本株の予想配当利回りの高さです。利回りによって日本株を見直すべき時代に入っています。東証一部の平均配当利回りは約2％ですが、それは平均値に過ぎません。個別銘柄で見ると4％を超える銘柄がたくさんあります。5％超もあります。日本を代表する大型優良株で利回り5％のポートフォリオを組んでじっくり長期投資することが、長期的な資産形成の早道なのです。

バリュー株の逆襲始まる

株式投資の代表的スタイルは2つあります。1つはグロース（成長）株投資、もう1つはバリュー（割安）株投資です。読者の皆さんは、どちらのスタイルがお好きですか？

過去10年、日本株ではグロース株優位が続いてきました。情報通信・ITサービス・バイオなどグロース株の上昇が続く中、金融・資源関連・製造業などバリュー株のパフォーマンスは不振でした。

過去4年を見るとグロース優位が加速しました。なかでも、2020年はグロース株がバリュー株を24％も上回るパフォーマンスとなりました（TOPIXグロース・バリュー指数の2020年騰落率の差から計算）。コロナ禍で旧来型産業の売上が落ち込む中、リモートワーク・リモート会議・オンライン診療・オンライン授業・ネット金融・ネット小売業などの成長が加速したからです。コロナ禍が、ITによる産業構造の変革を加速させた結果、株式市場ではグロース株がバリュー株を大幅に上回るパフォーマンスとなりました。

グロース優位が延々と続いてきたので、「グロース株に投資しないと話にならない、バリュー株なんか持っていてもダメ」という感覚を持つ投資家が増えています。しかし、そこにこそ投資チャンスがあります。

時代の波に乗ったグロース株が熱狂的に買い上げられる中で、高配当のバリュー株に「逆バブル」が増加しています。堅実経営で財務内容が良好、利益も配当もしっかり出しているのに、「時代の波に乗っていない」とレッテルを貼られてしまったために、売り込まれてしまった銘柄群です。

配当利回り5％でも「そんな株買ってはダメ」と思い込んでいる投資家が多く、見向きもされません。代表例は三菱UFJフィナンシャル・グループです。毎年、数千億円の純利益をあげ、配当利回りが4・7％あっても、「銀行株なんか買ってはダメ」と思い込んだ投資家には見向きもされません。

よく見れば「旧来型産業」とレッテルを貼られているバリュー株の中に、ITによる技術革新を進め、時代の波を捉えて成長しつつある銘柄があります。誤解によって異常に安く売り込まれている銘柄は買いの好機です。21年から22年にかけて、私はバリュー株の逆襲が起こると予想していています。

先に触れたように長期国債の利回りが5%だったころ、5%の国債なんか魅力ないと、誰も見向きもしませんでした。当時の日本の投資家の間では「いつかまたすごいインフレがやってくるに違いない」「株や不動産に投資したほうが儲かるに決まっている」という思い込みが強かったため、光り輝く宝物だった「確定利回り5%の国債」には誰も注目しませんでした。

今、多くの投資家が、配当利回り5%の大型株に魅力を感じない理由も同じだと思います。「そんなもの買ったって、どうせまた値下がりする」「人気の成長株を買ったほうがいいに決まっている」という思い込みが、真の企業価値を見る目を曇らせています。

3大割安株に注目せよ

「3大割安株」とは、私が勝手にネーミングしたものです。金融株・資源関連株・製造業株に、株価指標から見てきわめて割安な銘柄が多いので、この3セクターをまとめて3大割安株と呼んでいます。

この3セクターには、利益も配当もしっかり出してきたにもかかわらず、市場では不人気で株価低迷が長期化してきた銘柄が多数あります。そのような銘柄が、高配当バリュー株の投資候補です。

ただし、1つ注意が必要です。株の配当利回りは、確定利回りではありません。業績が悪化して減配になれば、利回りは低下します。株価が大きく下がる可能性もあります。銘柄選択にあたっては、単に予想配当利回りが高い銘柄を選ぶのではなく、長期的に保有しても減配になりにくい銘柄を選ぶことが大切です。

では具体的に、どのように高配当利回り株を選び、投資をしていけばいいのでしょうか。本書では高配当株投資の勘どころを丁寧に解説していきます。

二〇二一年五月

窪田真之

目次

第4章 脱炭素・DX時代に飛躍する日本企業

第5章 利回り5%、高配当株ファンドを自分で作る「ダウの犬」投資戦略

第8章 親会社からTOBがかかってもおかしくない4社

第9章
高配当株投資はＮＩＳＡを使おう

第10章 「株主優待」を上手に活用しよう

第1章 ウォーレン・バフェットが日本の5大商社を買う理由

根っこにあるバリュー重視

アメリカの著名投資家ウォーレン・バフェットは、私がファンドマネージャーだった時からずっと尊敬してきた投資家です。バフェットの投資手法は、ファンドマネージャー時代に重視してきたやり方にきわめて近いものです。

「短期的な人気に惑わされず、長期的に値上がりが期待される株を買ってじっくり待つ」、「グロース（成長）を重視しつつも、根っこにバリュー（割安）重視がある」点は、私の運用手法と共通です。

そのバフェットは2020年8月30日、日本の5大商社（三菱商事・三井物産・伊藤忠商事・丸紅・住友商事）の株を、それぞれ発行済み総株式数の5％超まで取得したと発表し、話題となりました。私はこのニュースを聞いた瞬間、バフェットの本領発揮と思いました。日本の総合商社は、早くから世界中で資源開発を手掛け、資源事業で高い利益をあげてきました。そのため、株式市場では「資源関連株」と見られています。ところが、資源事業の利益は不安定であるため、「資源関連株」は不人気です。

では、バフェットは、なぜそんな不人気株の投資を始めたのでしょうか？

米国株投資で高い実績をあげたバフェットは、「オマハの賢人」の異名を持ち、世界に知られています。彼の言葉を直接聞こうと、米国中西部のオマハで行われる運用報告会には、コロナ禍が広がる前は世界中から何万人もの投資家が集まってきていました。バフェットは、この運用報告会で、次々と出てくる質問に1つひとつ丁寧に答え、その発言はすぐさま報道されました。

バフェットは日本でも有名です。書店には彼の運用手法について書かれた「バフェット本」がたくさん並んでいます。ただし、バフェット自身は、自ら投資教育の本を書いたことはありません。彼が書き続けているのは、自ら運用している投資会社（バークシャー・ハサウェイ）の株主（投資家）に宛てた手紙だけです。それを参考に、バフェットの投資手法を研究した本がたくさん出版されているということです。

ところで、そのバフェットがなぜ突然、日本の商社株を買ったのでしょうか？　バフェットの投資には厳格な基準があります。日本の商社が、バフェット流投資基準を満たす見事なバリュー株だったから投資したというのが、一番の理由でしょう。

私は以前、「バフェットはグロースではないか」と読者からコメントをもらったことがあります。バフェットの投資手法についての私のレポートで、「バフェットはバリュー重視」と書いたことに対するコメントでした。

実は「バフェットの運用手法」と一言で言っても、若年期と壮年期では異なります。若いころはバリュー重視、年齢とともにグロースを重視するようになりました。無名だった若年期には、ハゲタカファンドのような投資をしたこともあり、激安株に集中投資して荒稼ぎしました。若いころの運用手法の根底にはバリュー重視がありました。

ただし、運用資産額が巨額になる壮年期には、グロースを重視するようになりました。近年は、グロース株として有名なアップルの株を大量に取得して驚かれました。それでも、根底では常にバリューを考えながら投資銘柄を選ぶ慎重さがあります。運用で「勝つ」ことを考えつつも、常に「大負け」しないようにリスクをコントロールしてきたからです。それが、グロースを重視しつつ、バリューも見る現在の運用手法につながっていきました。

バフェットの言葉に学ぶ

ウォーレン・バフェットの、若いころの言葉を紹介する著作を原書で読みました。

「Warren Buffett's Ground Rules（ウォーレン・バフェットのグラウンド・ルール）」(Jeremy C. Miller 著) です。本書にはバフェットが若いころ、投資家向けに書いた手紙が紹介されています。私がファンドマネージャー時代にやってきたバリュー運用に通じる極意が、若きバフェットによって熱く語られています。

私が強く共感した言葉を2つ紹介します。

①「企業の本源的価値がわかっていれば、それを生かして有利にトレードできる。株価が、本源的価値と比較してばかばかしいほど安い水準まで売られた時に買うことで、利益が得られる」

②「投資の世界で、今までの常識が通用しない新時代が始まっているという哲学を語る人がいる。その哲学によると木々が空まで伸びていくように株価が上がり続ける銘柄が出るという。そんな哲学に迎合して高値株を買って損したくない。それより過度に安全志向と言われてペナルティを受けるほうがましだ」

バリューを重視して25年間日本株を運用してきた私は、「そうだそうだ」と納得しました。

その私から見て、今の日本株には本源的価値を割り込んでいる株がたくさんあります。バフェットの言葉を借りれば「本源的価値と比較して、ばかばかしいほど、安い水準まで売られた」と表現できる株です。バフェットが投資した5大商社もその一部です。

ただし、日本株ならなんでも割安というわけではありません。「空まで伸びる木々のように上昇し続ける」と信じられて、とんでもない割高圏まで買われている株もあります。東証マザーズ上場のバイオ株などです。上場以来、一度も黒字を計上したことがなく、近い将来黒字化するメドもないのに、夢だけで人気化して時価総額数百億円まで買われている銘柄には、決して投資したくありません。

人気株はどこまでも買われ、不人気のバリュー株は永遠に低迷すると思う人もいるでしょう。でも、決してそんなことはありません。行きすぎはいずれ修正されます。バブルはいつか崩壊し、逆バブルはいつか見直されます。

それがいつになるか、何をきっかけにバブルと逆バブルにマーケットが気づくか、まったくわかりません。それでも、企業の本源的価値をしっかり理解し、「ばかばかしいほど安い株」を買い、「空まで伸びる木と信じられて上昇している株」を売り、それが成功して高いリターンの獲得につながるのを、楽しみに待っているのがよいと思います。

そのような理念をもって投資してきたのがバフェットであり、私もファンドマネージャー時代、歯を食いしばって激安株を買い、価値が見直されるのを待ってきました。何年も報われないこともあれば、1年以内に成果が出ることもありました。本源的価値の分析が正しければ、時間はかかってもいつかは株価の急上昇によって報われました。

中長期でじっくり投資して資産形成をしていく覚悟があるならば、今人気のテーマ株に飛びつくのではなく、不人気でも「本源的価値を大幅に下回っている株」を買ってじっくり長期に寝かせておくことが、長い目で見て資産形成の早道と考えます。

バフェットによると、「人は過去から学ばない」。堅実な高配当利回りのバリュー株が叩き売られて、利益の出ていない夢だけのグロース株がどこまでも買われることは、現在のみならず20年前も30年前にもありました。そして、20年後も30年後も何回でも繰り返すことでしょう。だからこそ不人気なバリュー株から宝物を探す手法は、いつまでも有効なのだと思います。

日本の5大商社は高配当バリュー株

私は、ファンドマネージャー時代から5大商社の経営説明会に足しげく通い、分析レポートを何回も書いてきました。また、個人的にウォーレン・バフェットに強い関心を持ち、バリューを基軸とした運用手法を研究してきました。

したがって、バフェットの考えを知れば、日本の5大商社がとても魅力的な投資対象に映ることはよく理解できます。ただし、バフェットがここまで本腰を入れて日本株を買い始め

5大商社の株価指標（2021年4月30日時点）

コード	銘柄名	株価：円	PER：倍	PBR：倍	配当利回り
8001	伊藤忠商事	3,408.0	9.2	1.52	2.8%
8002	丸紅	908.6	7.0	0.86	3.7%
8031	三井物産	2,303.5	8.3	0.83	3.9%
8053	住友商事	1,488.0	8.1	0.73	4.7%
8058	三菱商事	3,020.0	11.7	0.79	4.4%

（注）PERは4月30日株価を2022年3月期1株当たり利益（会社予想）で割って算出。配当利回りは、2022年3月期1株当たり配当金（会社予想）を4月30日株価で割って算出。
（出所）各社決算資料より作成。

るとは思いませんでした。５大商社すべてを５％まで買うという荒っぽいやり方にも驚きました。

バフェットは、「本源的価値を大きく割り込んでいる株に投資すること」を、若いころから常に追求してきました。彼は米国経済に強気で、米国株中心に投資してきましたが、近年、世界中の投資資金が米国に集中し、米国株の中に割安銘柄が少なくなってきたことに悩んでいました。

そこで、とうとう日本株に投資対象を広げたものと考えられます。彼の目から見て、割安で投資価値の高い日本の５大商社株に、腰を据えて投資を始めたと考えられます。

それでは、日本の５大商社株がどれだけ安いか、株価指標で見てみましょう。

ＰＥＲ（株価収益率）・ＰＢＲ（株価純資産倍率）・配当利回りから見て、株価が割安と考えられるところに、アミをかけています。三菱商事・三井物産・住友商事・

丸紅はどの株価指標で見ても割安です。伊藤忠はPERで見て割安です。

ただし、株価指標で見えるだけでは、「割安の罠」にはまる恐れがあります。業績悪化が続く衰退企業でないこと、将来最高益を更新していく力があることを確認する必要があります。

バフェットは決して「安かろう悪かろう」バリュー株には投資しません。本源的価値が高いのに、それと比べて大幅に安く株価がついている銘柄だけを選別します。バフェットが重視するのは、安定的にキャッシュフローを稼ぐ力（安定性）、先行き最高益を更新していく力（成長性）です。私は、日本の5大商社にその力があると判断しています。

商社は「資源関連株」か

5大商社株は、なぜ割安に放置されるのでしょう？　三菱商事・三井物産・住友商事・丸紅は、解散価値と言われるPBR（株価純資産倍率）が1倍を割り込んでいます。

不人気の理由は「資源関連株」と思われていることです。総合商社は、資源のない日本に欠かせない「日の丸資源会社」です。5大商社とも世界中で資源開発（または権益の買収）を行い、原油・天然ガス・鉄鋼石・石炭・銅・ニッケルなどの資源権益をたくさん獲得してきました。資源価格がなんでもかんでも急騰した2000年代初めには、資源ビジネスで巨額の利益を上げました。三菱商事や三井物産では利益の8割余りを資源ビジネスで稼いだ時

WTI原油先物（期近）月次推移（2000年1月-2021年4月）

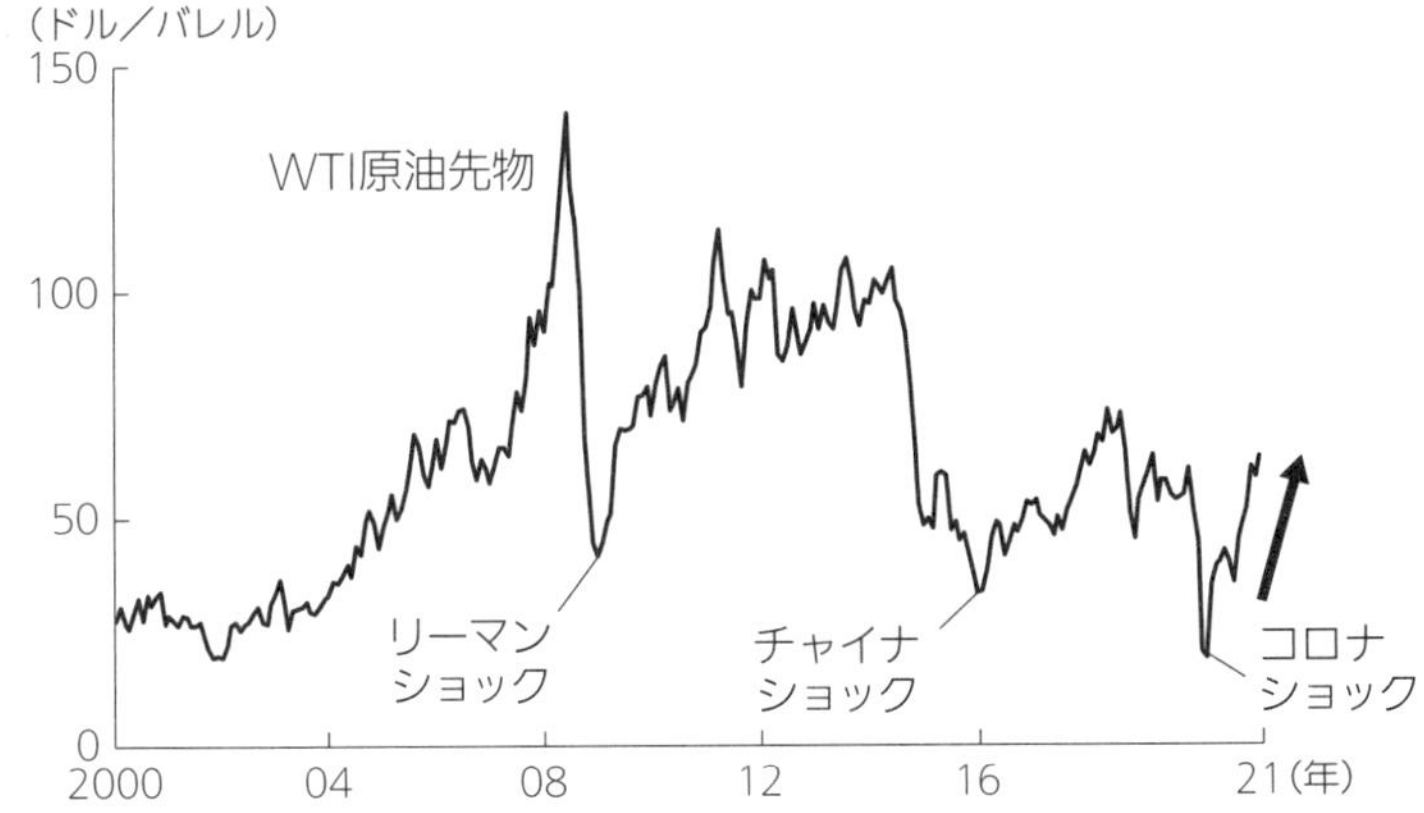

（出所）QUICK

期もありました。

２０００年以降の原油価格の動きを、簡単に振り返りましょう。２０００年代に入ってから08年のリーマンショック直前まで、原油を含むあらゆる資源の価格が一斉に急騰しました。中国・ブラジル・インドなど新興国の成長加速で需要が増大する中、供給が追いつかなかったためです。

ところが、その後、原油を含むあらゆる資源価格が急落しています。資源開発技術の飛躍的進歩によって世界中で資源開発が進み、確認埋蔵量・生産量が飛躍的に拡大したためです。需要の伸びをはるかに上回る供給の拡大があって供給過剰となったことから、資源価格が一斉に急落しました。

リーマンショック（08年）・チャイナショック（16年初め）、コロナショック（20年初め）の暴落を経て、21年には世界景気の回復、とりわけ中国景気の回復効果で原油価格は反発しつつあります。

資源で高収益をあげてきた5大商社の株は、「資源関連株」とみなされて、08年のリーマンショック以降、資源価格が急落する度に大きく下がってきました。ただし、間もなくそこから、5大商社の大復活が始まります。それを解説する前に、14年以降の原油価格の動きをもう少し詳しく説明します。

シェール革命で暴落した原油

原油や天然ガスの価格が暴落したのは、今まで採掘することができないと考えられてきた、「シェール層」や「深海の底」に存在する資源まで採掘できるようになった効果によります。特に、米国でシェール層にある原油やガス（シェールオイル＆ガス）が大量に採掘できるようになった効果が莫大でした。その結果、世界最大の原油輸入国だった米国は、18年には世界最大の原油生産国になり、原油の輸出も始めました。

原油価格は、米国シェールオイルの生産が急拡大した14年に供給過剰になり、暴落しました。当時、シェールオイルの生産コストは1バレル40－80ドルでした。16年初めにチャイナショック（中国を中心に世界景気が悪化）で原油先物は一時30ドルまで下がり、その過程で、高コストのシェール油田は生産停止に追い込まれたり、破綻したりしました。

WTI原油先物（期近）日次推移（2014年1月2日-2021年4月30日）

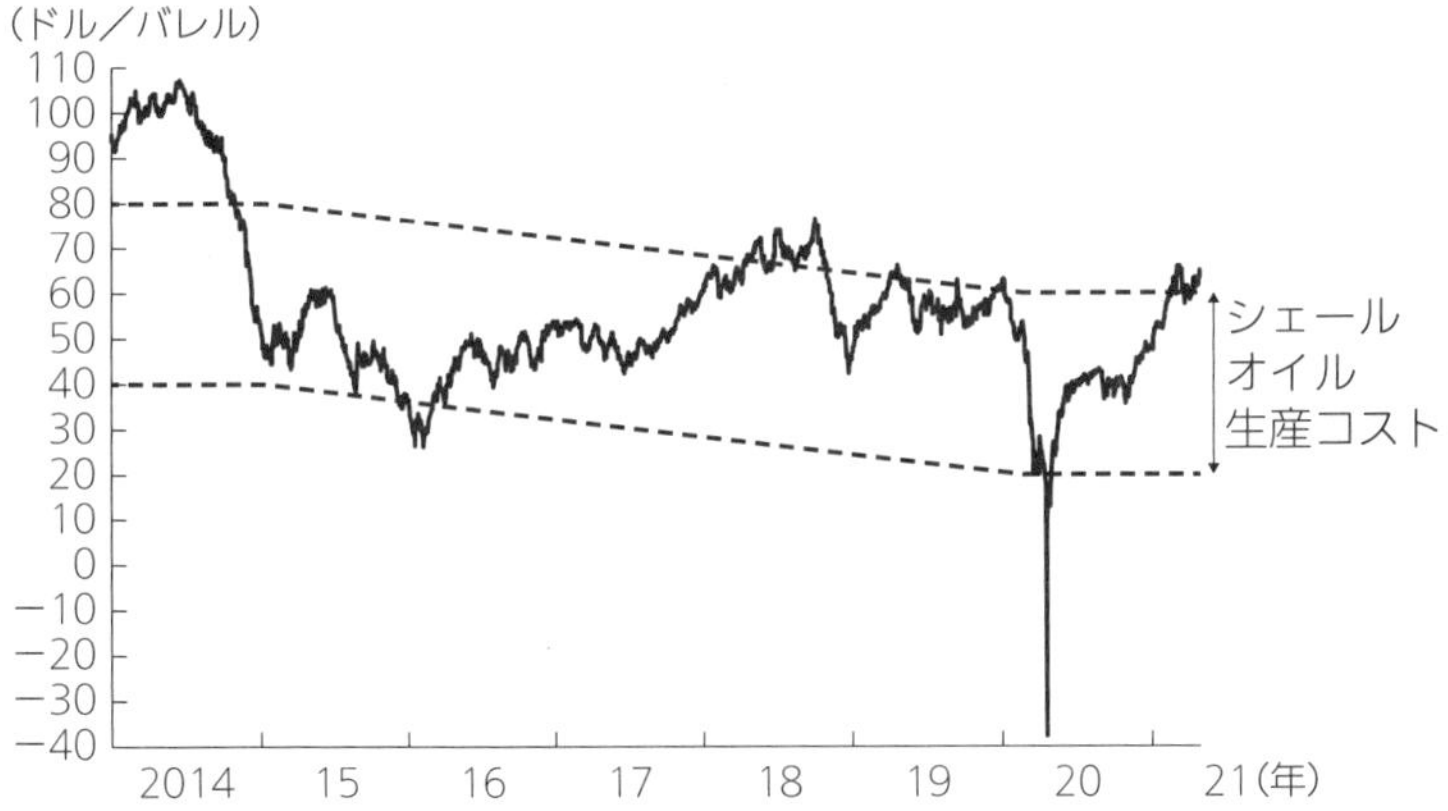

（注）コロナショックで暴落した原油先物は、2020年4月20日に▲37ドルと、マイナス価格まで落ち込んだが、それは先物市場の特殊な需給による一時的なもので、実際に原油がマイナス価格で取引されたわけではない。
（出所）米国シェールオイルの生産コストは楽天証券経済研究所推定。

ところが、それでも米国のシェールオイルは消滅しませんでした。生き残ったシェール油田で技術革新が進み、1つの油井からより大量のシェールオイルを採掘できるようになりました。結果としてバレル当たりの生産コスト引き下げが進みました。現在、大規模油井では、生産コストがバレル当たり20ドルと中東の大型油田と同等の水準まで下がっているところもあります。現在の生産コストは20－60ドルの範囲と推定しています。

20年4月に、コロナショックで原油先物が一時マイナスコストとなり、ニュースとなりました。ただし、すぐに価格は急回復、2021年3月には中国・米国の景気回復を受けて、1バレル60ドル台まで戻っています。

ただし、原油価格が上がりすぎると、米シェールオイルの生産が再び急拡大し、原油が供給過剰になる懸念があります。原油価格は世界景気の回復を受けて上昇するにしても、バレル当たり50－70ドルが天井で、シェール革命前の100ドルまで戻ることはないと考えられます。

もし、原油が再び100ドルを超えるなら、日本近海のメタンハイドレート（「燃える氷」と言われる天然ガス）、西シベリア・東シナ海の天然ガス、中国や欧州のシェールオイルなど、まだ開発されていない原油・ガス資源が世界中で幅広く開発されることになるでしょう。実際には、そこまで原油が上昇する前に、中東・ロシアなど生産余力がある産油国が増産し、供給過剰にしてしまうでしょう。構造的に原油が供給過剰である状態は、簡単には変わらないと思います。

原油だけでなく、天然ガス・石炭・銅・ニッケルなどあらゆる天然資源が、技術革新によってこれまで採掘不能と言われていたところで大量に供給されるようになりました。つまり、天然資源の価格は、世界景気で一時的に上昇することはあっても、2000年代前半、リーマンショック前のように急騰することはもうないと考えられます。

世界中で資源関連株が、株価バリュエーションで割安に放置されるのは、資源が構造的に供給過剰になり、資源ビジネスの利益が不安定になってきたためです。

資源価格が安いままで最高益を更新した5大商社

資源急落の影響を受けて、５大商社の利益はどうなったのでしょうか？　原油などあらゆる天然資源が一斉に急落した14年以降の連結純利益の推移を見てみましょう（次ページ表）。資源価格が一斉に急落した16年３月期を見てください。15年10月から16年3月にかけて中国景気が悪化するとともに世界全体の景気が「景気後退すれすれ」まで悪化し、「チャイナショック」と呼ばれました。資源急落によって、ブラジルやロシアなど資源国が不調となり、米国もシェールオイル業者の信用悪化によって一時的に景気が悪化したことから「資源安ショック」とも呼ばれました。

その16年３月期、三菱商事と三井物産は赤字に転落しました。銅価格の急落によって、銅価格が高騰していた時期に開発を始めた中南米の銅鉱山で巨額の減損が発生。原油や天然ガスの価格も急落しましたが、原油やガスの権益は低コストで取得していたので減損はほとんど出ませんでした。

銅は、世界景気の影響を受けやすい、代表的な景気敏感メタルです。導電性・熱伝導性（電気や熱を通しやすい）がよく、展性、延性もすぐれている（伸ばしたり広げたりしやすい）ので、自動車や電気機器、送電線などの導電ケーブル（電線）に使われます。したがって、社会インフラ整備を進める国や、自動車や電気機器の生産が拡大する国で需要が拡大し

5大商社の連結純利益（2015年3月期〔実績〕-2022年3月期〔会社予想〕）

（単位：億円）

コード	銘柄名	2015/3	2016/3	2017/3	2018/3	2019/3	2020/3	2021/3	2022/3 会社予想
8001	伊藤忠商事	3,005	2,403	3,522	4,003	最高益 5,005	最高益 5,013	4,014	最高益 5,500
8002	丸紅	1,056	622	1,553	2,112	最高益 2,308	▲1,974	2,253	2,300
8031	三井物産	3,064	▲834	3,061	4,184	4,142	3,915	3,354	最高益 4,600
8053	住友商事	▲731	745	1,708	3,085	最高益 3,205	1,713	▲1,530	2,300
8058	三菱商事	4,005	▲1,493	4,402	5,601	最高益 5,907	5,353	1,725	3,800

チャイナショック（2016/3）　コロナショック（2020/3・2021/3）

（注）三井物産は19年3月期に連結純利益では最高益に届いていないが、連結税前利益では最高益。
（出所）各社決算資料より作成。22年3月期は会社予想。

ます。

三菱商事・三井物産・丸紅は、銅が高騰している時期に中南米で銅鉱山開発を始めたため、チャイナショックによって大きなダメージを受けました。しかし、その苦労がやっと報われる時がやってきました。コロナショックを経て、銅価格は本格的な上昇に転じており、これから収益への貢献が大きくなることが期待されます。

ここで、5大商社の19年3月期の利益をご覧ください。三井物産を除き、4社が純利益で最高益を更新しています。三井物産も、連結税前利益ではこの期に最高益を更新しています。つまり、チャイナショックからわずか3年後には、鮮やかに最高益をあげている

LME銅価格の月次推移（2000年1月-2021年4月）

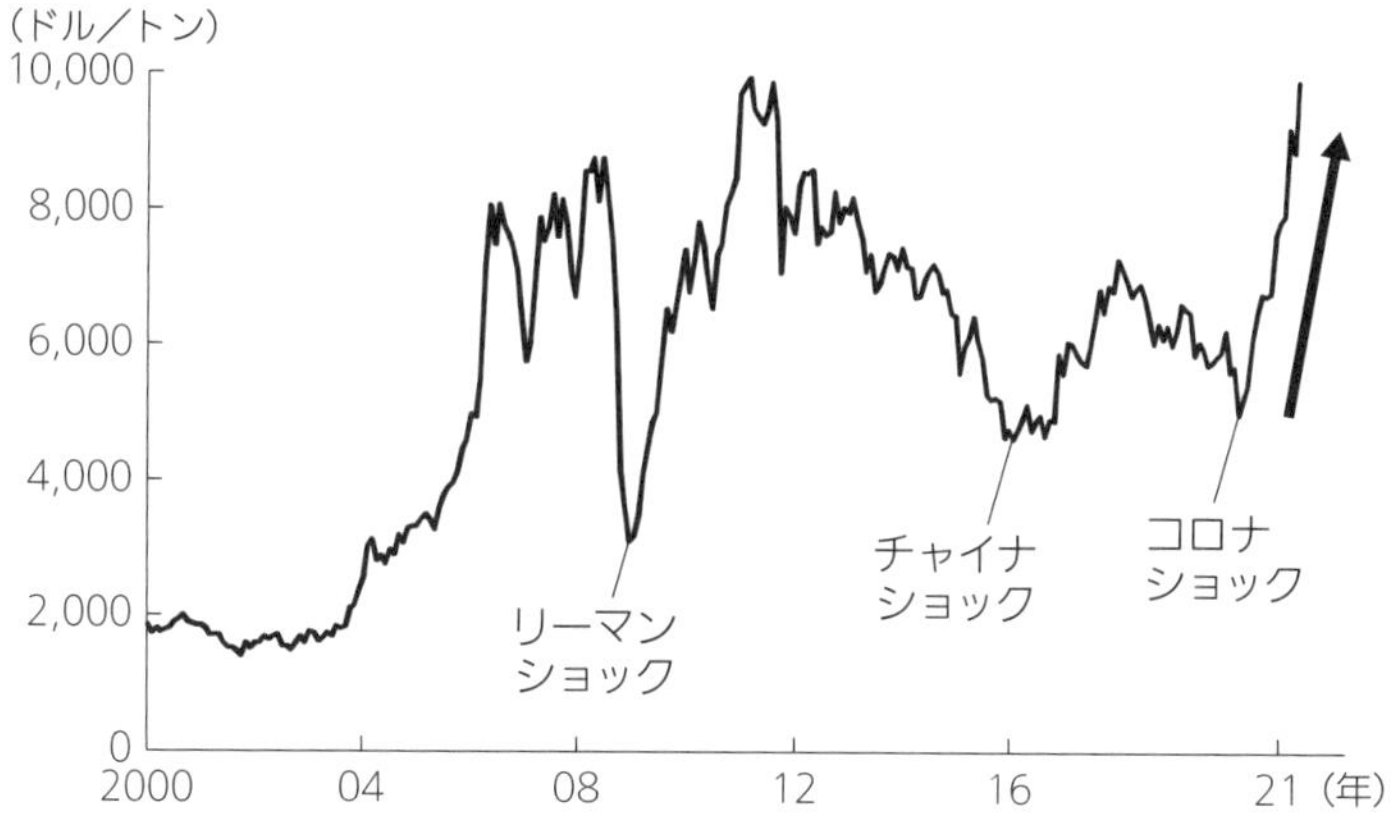

（出所）QUICK

のです。なぜでしょうか。

資源価格は反発しているものの、チャイナショック・リーマンショック前の水準からは、大幅に低いままです。それなのに、なぜ、商社は最高益を更新できるのでしょうか。

答えは簡単です。資源事業ではなく、非資源事業の利益を拡大させたことが最高益更新に寄与しました。５大商社とも、リーマンショック前から、収益に占める資源事業の比率が高いことに危機感を持っていました。乱高下する資源価格の影響を受けずに、安定的に収益を稼ぐためには、非資源事業を拡大することが喫緊の課題と考えていました。

そこで、５大商社は、消費関連（コンビニエンスストア・アパレルなど）事業や、海外電力、食料品事業など非資源事業を拡大する努力を続けてきました。そのため、リーマンショック後の資源価格暴落でダメージを受けたものの、そのころから非資源事業の収益拡大が軌道に乗ってきました。その成果が出て、最高益を更新したのが、19年3月期でした。

その後、コロナショックで資源価格が暴落しましたが、三菱商事と三井物産はチャイナショックの時のような大きな資源減損を出しませんでした。

丸紅は20年3月期、食糧商社ガビロン社などに減損が出て赤字転落しました。住友商事は、マダガスカル共和国で推進してきたニッケル採掘・精錬事業などで減損が出て、21年3月期に赤字に転落しました。

伊藤忠商事は、資源権益の高値づかみが少なかったので、チャイナショックでもコロナショックでもあまり大きなダメージを受けませんでした。同社は中国最強商社を自認し、中国で積極的な投資を行ってきたことが収益の底上げに寄与してきました。

世界景気の回復に伴って資源価格が再び大きく上昇する恩恵を受ける22年3月期は、5大商社すべて資源事業も非資源事業も伸びていくことが期待されます。伊藤忠商事・三井物産は22年3月期に連結純利益で最高益を更新する予想を発表しています。他の3商社も23年3月期には再び最高益を更新していく力があると、私は判断しています。

5大商社の1株当たり配当金（2015年3月期実績-2022年3月期〔会社予想〕）

（単位：円）

コード	銘柄名	2015/3	2016/3	2017/3	2018/3	2019/3	2020/3	2021/3	2022/3 会社予想
8058	三菱商事	70	50	80	110	125	132	増134	134
8001	伊藤忠商事	46	50	55	70	83	85	増88	増94
8031	三井物産	64	64	55	70	80	80	増85	増90
8053	住友商事	50	50	50	62	75	80	減70	70
8002	丸紅	26	21	23	31	34	35	減33	増34

チャイナショック（2016/3）　コロナショック（2020/3・2021/3）

（出所）各社決算資料より作成。22年3月期は会社予想。

高配当利回り株としての魅力

三菱商事・伊藤忠商事・三井物産は、コロナショックに見舞われた21年3月期にも、増配しました。これまで取り組んできた経営改革の成果で、減益でもしっかりキャッシュフローを稼いでいくことに自信を持っていることがわかります。

住友商事・丸紅は、三菱商・伊藤忠・三井物産と比べると、収益基盤がやや弱く、21年3月期は減配となりました。それでも、今後の収益回復期待は高く、コロナが完全に収束すれば、5社とも最高益を更新し増配していく力があると思います。

参考までに、過去6期の、5大商社の1株当たり配当金の推移を、上の表に掲載しています。危機で減配になることはありましたが、それでも年々、配当の水準を引き上げてきたことがわかります。

事業拡大に貪欲な総合商社、大胆な攻めと堅実な守り

総合商社の戦略は、資源もなく少子化が進む日本がどう生きていくべきか、その道筋を示していると思います。政府が成長戦略としてやるべきことは、商社がすでに手をつけています。

商社は、まず資源のない日本が生きていくのに不可欠な「日の丸資源会社」となりました。加えて新興国における社会インフラ整備事業にも注力しています。発電所・鉄道・上下水道などの建設・運営を幅広く手掛けています。

総合商社はさらにIT・バイオ・新エネルギー・ロケットなど、今すぐ花開かなくても、将来大きな成長のタネになりそうなものには、片っ端から手を出しています。その貪欲さこそが、今の日本に欠けている成長力の獲得につながると思います。

それでいて、収益が悪化し損失が拡大するリスクが高まってきた事業に対しては、厳格な撤退基準を持っています。見込み違いだった事業からは、大きな傷を受ける前にすばやく撤退するところが、総合商社の強さの根底にあります。

大手5社が手掛けている事業やリスクの取り方に違いはありますが、いずれも新興国の成長を取り込みつつ、巧みにリスク管理しているのは共通です。バフェットが5大商社を高く評価するポイントはそこだと思います。

column

なぜバフェットは、5大商社を5%ずつ買ったのか

バフェットは、投資基準に合う銘柄を厳選して投資します。同じ業種に属する5銘柄をずらずらと並べて投資することは、これまではありませんでした。それがなぜ日本の総合商社ばかり5%ずつ5銘柄を買ったのでしょうか？

あくまでも推測ですが、私は、以下3つの理由によると考えます。

①5銘柄に分散しないと必要な投資金額が集まらない

数十兆円もの大金を動かすバフェットから見たら、日本の大手商社株でも小型株のようなものです。5社合わせて投資しないと十分な投資金額を確保できなかったという事情があったのでしょう。

②日本の商社株に投資を始めた事実をなるべく長く隠しておきたかった

上場している株式を発行済み株式総数の5%を超えて保有すると、大量保有報告書の提出が必要となります。そうなると、バフェットが日本の商社株に投資している事実が世間に広く知れ渡ります。

もし1社のみに投資していれば、保有比率が5%を超えた時点で、すぐ大量保有報告

書を出さねばならなくなります。5％を超えないように5社を少しずつ買っていくことで、なるべく長く商社への投資を隠しておくことが可能となります。5社ともほぼ5％買った時点で、5社への投資を一度に開示したものと思われます。

私もファンドマネージャー時代、自分が大量に買っている銘柄をなるべく他人に知られないように努力しました。保有比率が5％を超えそうな銘柄は、原則として投資をストップしました。したがって、私が所属していた投資顧問会社で、保有比率が4・9％くらいで止まっている銘柄が多数ありました。

③5社ともバフェットの基準に合うすばらしいバリュー株だった

バフェットは、自らの投資基準に頑固なまで固執します。5社とも基準に合ったから投資をしたのだと思います。

第2章

筆者が選ぶ「もしバフェ」5銘柄

日本株からバフェットの投資基準に合う銘柄を探す

私はこれまで何回か、日本株の中から「もしバフェ株」を選ぶレポートを書いてきました。「もしバフェ株」とは、「もしバフェットが日本株のファンドマネージャーだったら買うだろう株」という意味です。

バフェットがバリューを重視した厳格な投資基準を持っていること、日本にはバフェットの基準に合いそうな、ピカピカのバリュー株がたくさんあることから、頭の体操としてバフェットの手法で選ばれそうな銘柄を選んできました。

米国株好きのバフェットが、日本株なんか本格的に買うわけないじゃないかと言われそう

「もしバフェ」候補5選（2021年4月30日時点）

コード	銘柄名	株価：円	配当利回り	PER：倍	PBR：倍
8306	三菱UFJ FG	578.0	4.7%	8.7	0.4
5020	ENEOS HD	471.2	4.7%	7.4	0.7
6758	ソニーグループ	10,900.0	0.5%	18.2	2.4
9020	JR東日本	7,479.0	1.4%	97.3	1.1
9433	KDDI	3,306.0	3.9%	11.4	1.6

（注）株価・配当利回りは21年4月30日時点。配当利回りは、1株当たり年間配当金（今期予想）を株価で割って算出。PERは株価を1株当たり利益（今期予想）で割って算出。今期予想とは22年3月期QUICKコンセンサス。三菱UFJのみ会社予想。
（出所）各社決算資料より作成。

でしたが、日本の5大商社に巨額投資をしたと発表があった今は、現実味が増しました。

そこで、今回改めて「もしバフェ」5銘柄を選定しました。当然ですが、既に投資している5大商社は除外しました。

上は、バフェットの投資基準になるべく合う5銘柄を、筆者が選別しました。以下、コメントします。

三菱UFJフィナンシャル・グループ
――割安メガバンクの代表

この5社のうち、バフェットが本当に日本株のファンドマネージャーだったら絶対買うだろうと一番確信しているのが、三菱UFJフィナンシャル・グループ（以下、三菱UFJ）です。

バフェットは、昔からよく割安な金融株を買っていました。リーマンショック時には、一時的に過度に売られた米国の金融株を買って、その戻りで大きなリターンを得ました。収益基盤がしっかりしている割に株価が異常に割安な日本のメガバンク株も、投資基準にかなうと考えます。

三菱ＵＦＪについては、第６章で詳細に解説します。

ＥＮＥＯＳ ＨＤ――脱炭素に取り組む総合エネルギー企業

ＥＮＥＯＳ（エネオス）というと、皆さんが思い浮かべるのは、ガソリンステーションかもしれません。ガソリン小売業は、同社のたくさんある事業の中の１つに過ぎません。同社はエネルギー総合企業で、川上（原油資源開発）から川下（石油製品）まで、一貫生産できる強みを持ちます。また、銅鉱山の経営も行っており、最近の銅価格急騰ではメリットを受けます。

バフェットは、２０２０年にコロナショックで原油が暴落した時に、シェブロンなど割安なエネルギー関連企業への投資を増やしています。みんなが嫌う銘柄を割安な価格で買う、バフェット流バリュー投資です。日本株だったら、三菱商事や三井物産、丸紅、ＥＮＥＯＳなどが、バフェットの好みに合う、割安なエネルギー企業だと思います。５大商社は既に投資済みなので、「もしバフェ」としてはＥＮＥＯＳを選定しました。

ところで、１つ気になることがあります。ＥＮＥＯＳは、化石燃料ビジネスを幅広く手掛けているので、今はやりのＥＳＧ投資(注)によって、機関投資家の投資対象から除外されるかもしれません。

(注)ESG投資：E（エコ：環境経営)、S（ソーシャルレスポンシビリティ：社会的責任)、G（ガバナンス：企業統治）の3つの頭文字を組み合わせて作った言葉。年金などの機関投資家は、近年ESGスコアの高い企業に投資し、ESGの観点から問題があると判断される企業（化石燃料を大量に使用する企業、武器を製造する企業、反社会的企業など）を投資対象から除外する傾向が強まっている。

バフェットは、投資銘柄を選別する際、ESGで判断すべきではないと語っています。社会から必要とされている企業で、株価が割安でキャッシュフローを安定的に稼ぐ力があれば、ESGで問題があると烙印《らくいん》を押されていても投資することがあります。実際、シェブロンのように化石燃料ビジネスで稼ぐ企業も、割安な高収益株であると判断すれば投資してきました。

私は、ESGは人類の未来にとって、きわめて重要なテーマであると思います。ただし、今、世界でコンセンサスとなっているESG基準には、疑問をさしはさむ余地が大いにあります。たとえば、ガソリンを使う車はどんなに燃費が高くても「悪」とみなす傾向があるのは、ガソリン車の環境性能を高める努力に水を差します。

ENEOSは、化石燃料の効率利用に取り組みつつ、時代の流れに合わせて脱炭素にも取り組む総合エネルギー企業として高く評価します。ちなみに、同社は脱炭素に向けて水素ステーション運営も行っており、水素関連銘柄としても注目されています。

ソニーグループ――成長株として評価

バフェットはソニーグループ（以下ソニーと表記）を、割安株ではなく成長株として評価するでしょう。バフェットは、ＧＡＦＡＭ（グーグル・アマゾン・フェイスブック・アップル・マイクロソフト）のようなハイテク株投資を苦手としてきましたが、唯一ｉＰｈｏｎｅで知られるアップルだけは大好きで、大量に投資しています。ソニーは、そのアップルとよく似たところがあります。

ソニーとアップルは現在、それぞれ異なる分野で成長していますが、かつてはソニーの「ウォークマン」はアップルの「ｉＰｏｄ」と大激戦を演じたこともあります。

ソニーとアップルの類似点は、20世紀に急成長したあと一度凋落《ちょうらく》し、21世紀に大復活して成長しているところです。両社は時代の変化に合わせて、大胆にビジネスモデルを変えて勝ち残る強さがあります。

１９８０年代、製造業が世界経済の中心であった時、ソニーは製造業の雄として世界のトップに上り詰めました。ところが、21世紀に入り、製造業では稼げない時代になるとソニーは凋落しました。

そこからソニーの復活が始まりました。ハード（製造業）で稼ぐ製造業から、ビジネスモデルを完全に転換しました。今は、ＩＴを駆使して稼ぐ総合エンターテインメント企業とし

ソニーグループ株価の推移（月次、1981年1月-2021年4月）

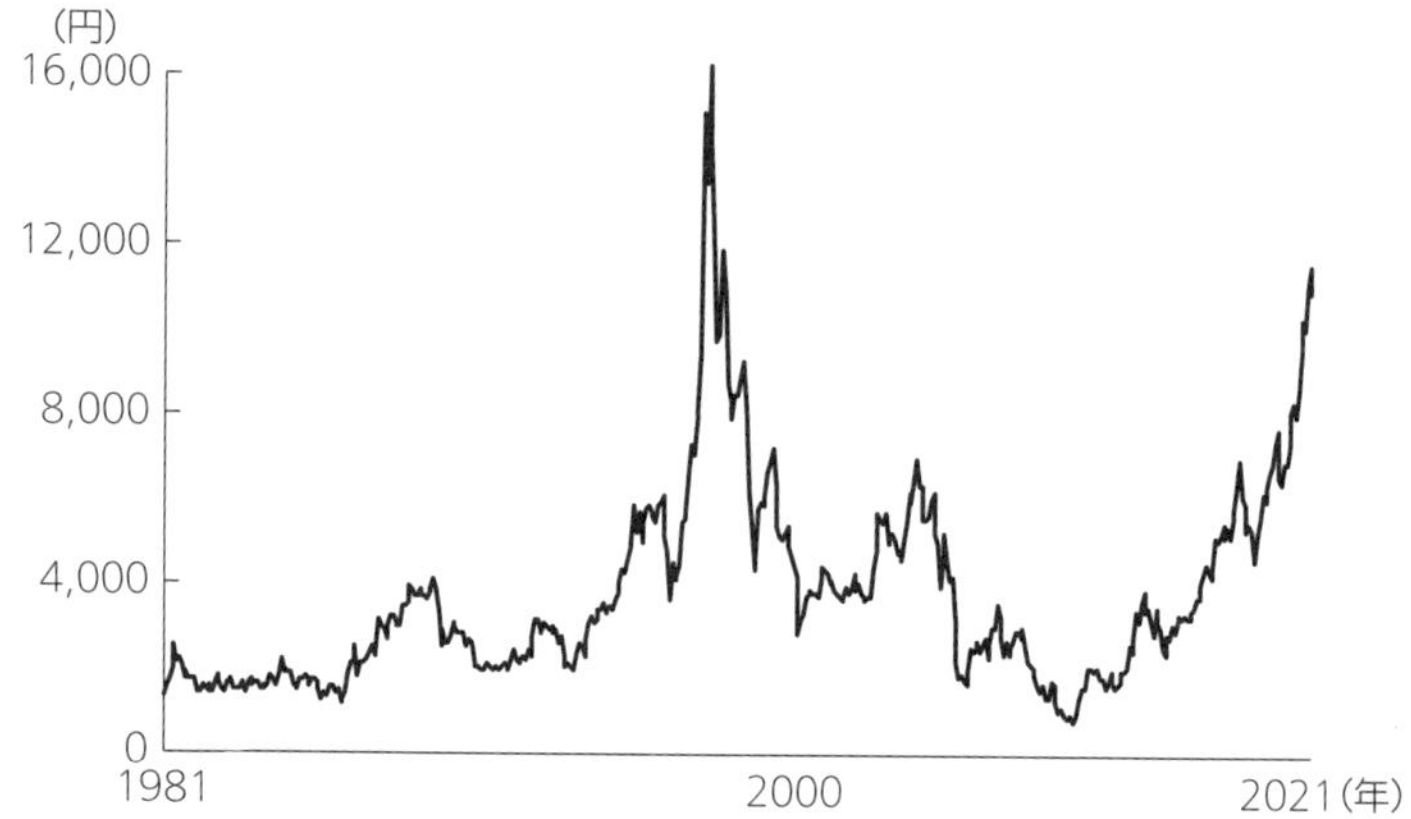

（出所）QUICK

て、再び世界のトップに上りつつあります。製造業（エレクトロニクス・半導体）でも利益を出していますが、利益成長の中心は、ゲーム・映画・音楽・金融に移っています。

ソニーは任天堂とともに、ゲームの最先端分野で世界の頂点に立っています。ＩＴを駆使した最先端のゲームで世界を支配している成長企業として高く評価できます。ＩＴで世界を支配している企業という点で、米国のＧＡＦＡＭと並ぶ価値があります。

日本のＩＴ大手はいずれも、ＳＮＳ・ＩＴサービス分野で米国企業との競争に勝てませんでした。かつて日米の検索エンジンでトップだった「Yahoo!」（ＺＨＤの検索エンジン）はグーグルとの競争に敗れ、日本だけのマイナー検索エンジンとなりました。たくさんあった日本固有のＳＮＳサービスは、フェイスブックやツイッターとの競争に敗れ、いずれも大きく成長することができませんでした。そうした中にあって最先端のゲーム分野だけは、今でもソニーと任天堂の日本勢が支配しています。マイクロソフトやグーグルも参入を試みましたが、任天堂・ソニーの牙城を崩すことはできませんでした。

ところで、バフェットはソニーを評価するでしょうか？　日本版ＧＡＦＡＭとは言っても、バフェットはそもそも、アップルを除けば、ＧＡＦＡＭを評価して買うことはありませんでした。

私は、今のソニーは、バフェットが投資を始めた当時、２０１７－18年のアップルに似ていると思います。バフェットが投資を始めたころ、アップルはＩＴ企業として評価されていませんでした。ＩＴ企業というよりは、携帯電話を作っている製造業のイメージが強かったためです。それが株式市場の低評価につながっていました。そのためＰＥＲなどのバリュエーションは低評価でした。

ところが、実際にはアップルは製造業ではありませんでした。同社のスマホ「ｉＰｈｏｎｅ」は、「部品は日本、組み立ては中国」と言われ、アップルがやっているのは開発やマーケティングだけです。しかも近年のアップルの成長ドライバーは、スマホではなくクラウドコンピューティングになっています。同社は変わり身の早い、ＩＴ成長企業であることが明らかです。それでも、製造業のイメージで見られていた17－18年には、株式市場では低評価でした。つまり、割安株だったと言えます。それこそがバフェットが喜んで投資した理由です。

column

アップルを大好きなバフェットが、アマゾンに投資できなかった理由

ウォーレン・バフェットは「自分が理解できないものには投資しない」考えを持っていました。ハイテク株やIT株に積極的には投資せず、コカ・コーラやアメリカン・エキスプレスのような、わかりやすい安定成長株を重視して投資してきました。

米国株の上昇を牽引してきたGAFAMでは、アップル以外、積極的に投資してきませんでした。アマゾンは高成長期待から常にPERなどの株価指標で高く評価されていたので、バフェットの投資意欲をかきたてませんでした。「なぜアマゾンを買わなかったのか」という投資家の質問に「自分は間違っていた」と素直に認めています。

そのバフェットが大好きなのが、アップルでした。時価総額1兆ドルを超えてからわずか2年程度で2兆ドルを超えたアップルは、今やPER（株価収益率）などのバリュエーションで割高に見えても、世界中の機関投資家が「買わざるを得ない」投資対象となりました。

しかし、バフェットがアップル株を大量に取得し始めた17－18年には、PERで10倍台の低い評価に甘んじていました。安定成長が続いている割に、割安に評価されていた

ことが、バフェットが投資を始めた理由と考えられます。当時アップルは、これまでの成長を牽引してきたハード（ｉＰｈｏｎｅ）の成長余地が小さくなってきたことから、成長性に陰りが出てきたと考えられていました。

バフェットは、アップルがハードだけではなく、音楽配信や決済などのサービス事業で成長し始めていることにも注目しました。つまり、「安定成長を期待できるＰＥＲの低い株」として評価していたのです。成長を見ながらバリューも見る手法にぴったり合っていたわけです。

ＪＲ東日本――中期的な成長力に期待

バフェットは安定的にキャッシュフローを稼ぐ割安な株として、電鉄株にも投資しています。日本の電鉄株にも、バフェットの好みに合う株があると思います。その１つは私がファンドマネージャー時代に大好きだったＪＲ東日本です。今でも好きな会社です。

ＪＲ東日本の何がよいかと言えば、地味で面白みのないように見えて、実は次々と新しいビジネスを開拓し、コロナショック前までは着々と最高益を更新していたパフォーマンスのよい銘柄であったことです。新幹線を核とする鉄道業はもちろん、観光・不動産・小売り・金融ビジネス、それぞれの部門に成長期待がありました。

JR東日本の連結経常利益
(2018年3月期〔実績〕-2022年3月期〔予想〕)

決算期	経常利益	前期比
2018年3月期	最高益　4,399億円	+6.7%
2019年3月期	最高益　4,432億円	+0.7%
2020年3月期	3,395億円	▲23.4%
2021年3月期	赤字　▲5,797億円	赤字転落
2022年3月期(予想)	440億円	黒字転換

(出所) 同社決算資料より作成。22年3月期はQUICKコンセンサス予想。

JR東日本に単独取材に行き、経営戦略について1時間余りディスカッションしたことがあります。一番印象に残っているのは、先方の以下の言葉でした。「1年、2年では変化が小さく、変化のない会社に見えますが、10年ごとに大きな変化を遂げています」。その通りだと思いました。

実際、同社は10年ごとに大きな変化を遂げ、19年3月期までは、安定的に最高益を更新してきました。最高益更新のドライバーは、新幹線でした。人口の増えない日本で、鉄道業は成熟産業と見られていましたが、新幹線収入の拡大によって、JR東日本は、安定的に最高益を更新してきました。

新幹線は、かつてビジネス客中心の乗り物でしたが、コロナ前には「国民の足」として利用が拡大してきていました。さらに、外国人観光客の利用拡大が追い風となりました。グリーン車の利用率増加も、収益拡大に寄与していました。

ところが、コロナ禍で奈落の底に突き落とされました。

前期（21年3月期）は、過去最大の赤字となりました。コロナ禍によって、外国人観光客がいなくなり、国内で旅行に出る人も激減したためです。また、リモート勤務・リモート会議の普及で、近距離も長距離も鉄道収入が大きく落ち込みました。

さらに厳しいことは、コロナが去ってもリモート勤務・リモート会議が進む流れは変わらないと考えられていることです。コロナで大打撃を受け、コロナ後も需要が完全には戻らないと予想されていることから、JR東日本の株価は、大きく下がりました。

ただし、JR東日本の中期的な成長力を考えれば、投資価値は高いと思います。上場するJR4社の中では、東京を地盤に持ち、不動産・小売り・金融など多角化事業で高い競争力を持つJR東日本の投資価値が一番高いと思います。

ちなみに20年3月末時点で、JR東日本は、賃貸不動産に1兆5488億円もの含み益を有します。含み益の大きさは、三菱地所・住友不動産・三井不動産についで第4位です。JR東日本は事実上、日本最強の不動産会社です。なぜなら日本の不動産価格はJRの駅前が一番高く、駅から遠ざかるにつれ安くなる傾向があるからです。JR東日本は、首都圏でもっとも価値の高いJR駅周辺に豊富な土地を有しているので、不動産会社として圧倒的に優位です。鉄道事業で使わなくなった土地を再開発して、オフィスビルの保有を増やしてきました。立地抜群で競争力が高く、土地取得コストがかからないので収益率も高くなります。

ＪＲ東日本は、規制緩和によって、駅ナカや線路上空が利用できるメリットを受けています。駅ナカに展開する「エキュート」など小売ビジネスは、高い競争力を有します。自前で小売業をやるのでなく、抜群の立地を有する小売スペースの管理者として、その時々で一番はやっている専門店を入店させていくので、ある意味、最強の小売業と言えます。

今は、コロナで頓挫していますが、リゾート・観光業でも成長余地があると思います。いつになるか明確に見通せませんが、コロナ収束後に観光業の利益が増加トレンドに戻ると予想します。

外国人観光客はコロナ収束後もすぐに戻らないでしょう。ただし、その分、日本人の海外旅行も増えないので、外国人が戻らない間は、日本人による日本旅行が盛り上がると思います。外国人観光客が戻るころには、日本人も海外に行くようになります。いずれにしろ観光資源の多い日本の旅行需要にはこれからもかなりの成長余地があります。

ＫＤＤＩ――通信以外の収益が拡大

携帯電話事業の競争激化懸念で、ＫＤＤＩの株価は上値が重くなっています。しかし、同社は世界景気に影響されずに安定成長を続けており、22年3月期で20期連続の増配を予定しています。携帯電話事業のほか、さまざまなＩＴサービス（ライフデザイン事業）を手掛け、これからも安定高収益を維持していくと予想できます。

バフェットはコロナショックの後、米国の通信株ベライゾンに投資しました。割安な高配当利回り株です。同社株は夢がないとして、あまり投資家に人気がありませんでしたが、バフェットは割安で価値が高いと判断しました。

日本株で同様の割安株を探すならば、ＫＤＤＩかＮＴＴだと思います。私は通信以外の収益が順調に拡大しているＫＤＤＩを選びました。

第3章

日本は輝くバリュー株の宝庫である

高配当バリュー株について詳しく解説する前に、一時3万円を超えた日経平均が「バブルか否か」という議論が盛り上がっていることについて触れます。

私の考えは、日経平均が3万円を超えても日本株は割安であり、コツコツと時間分散しながら日本株に投資していくことが、長期の資産形成に寄与すると思います。

日本は、米国や中国・インド・東南アジアのような成長市場ではありません。ただし、日本企業には、アジアや欧米でビジネスを拡大できる成長企業が多数あります。にもかかわらず、日本株は「魅力がない」と思われています。誤解によって割安に放置されている企業がたくさんあるのです。

日本は人口が減少する魅力のない国というイメージが強いからでしょう。しかし、人口が増加するアジアで日本企業が成長するポテンシャルが見落とされているのです。

そんな日本だからこそ、よいこともあります。それは、ピカピカの割安株をたくさん見つけられることです。「財務良好、収益基盤は堅固、堅実経営で利益も配当も出しているのに株価は信じられないほど安値」のような逆バブル銘柄がたくさん放置されています。光輝くバリュー株を発掘し投資していくことが、堅実な資産形成への早道です。

日経平均3万円はバブルか

日経平均が一時3万円を超え、「これはバブルだ、いつか来た道だ」と声高に警鐘を鳴らす人が出てきています。でも、私はそうは思いません。

2021年に入り、日経平均だけでなく、世界中の株、暗号資産（ビットコイン）、コモディティ（原油・銅・ニッケル・鉄鉱石・穀物）など、リスク資産が一斉に上昇しています。リスク資産が何でもかんでも上がっていく姿は、確かにバブルを思わせるところがあります。とりわけ収益を生まない暗号資産などは、あきらかにバブルの可能性があります。

しかし、日本株について言うならば、バブルとは思いません。日経平均3万円は、利益の拡大を織り込んで上昇してきた「普通の株高」です。

参考までに、次ページの東証一部主要841社(注)の純利益推移と、先行きの予想をご覧ください。

東証一部上場3月期決算、主要841社の連結純利益（前期比）

決算期	実績／予想	純利益
2017年３月期	実績	＋ 12.3%
2018年３月期	実績	＋ 27.5%
2019年３月期	実績	▲ 6.2%
2020年３月期	実績	▲ 28.7%
2021年３月期	楽天証券予想：４月30日	＋ 4.2%
2022年３月期	楽天証券予想：４月30日	＋ 36.4%

（注）前期（21年3月期）・今期（22年3月期）予想は楽天証券経済研究所、21年4月30日時点。

（注）東証一部主要８４１社：純利益の増減益率が東証一部全銘柄とおおむね同じになるように、業種バランスなどを考慮して楽天証券で選んだ８４１社。

この予想に基づき、東証一部全体が割高であるか割安であるかを考えます。判断基準として、世界中で使われているＰＥＲ（株価収益率）を使います。

上記予想をベースに東証一部上場企業全体のＰＥＲを推定すると今期（22年３月期）は17・１です（４月30日時点）。世界各国の株価指数ＰＥＲは、おおむね10－20倍に位置し、歴史的にもだいたい10－20倍で推移してきています。東証一部の予想ＰＥＲはその範囲に入っているので、日本株は「妥当な水準」と考えます。

以下、ＰＥＲの意味がよくわからない方のために、ＰＥＲについて解説します。

なぜＰＥＲで判断するのか

①株価の割安度を測るもっとも代表的な指標

ＰＥＲは、「ピーイーアール」または「パー」と読みます。日本だけでなく、世界中の投資家が見る重要指標なので、ＰＥＲの見方をきちんと理解しておくことは、株式投資を行う上で重要です。

ＰＥＲは以下のように計算します。

ＰＥＲ＝株価÷１株当たり利益

株価を１株当たり利益で割って計算します。言い換えると、ＰＥＲは、「１株当たり利益の何倍まで株が買われているか」を示しています。倍率が高いほうが株価は「割高」、低いほうが「割安」と判断されます。

②何年で元が取れるか

「ＰＥＲ10倍は割安、ＰＥＲ30倍は割高」と言われても、どういう意味か少しわかりにくいかもしれません。よくわかるように説明してみましょう。

ＰＥＲ10倍は、「もし毎年同じ純利益を得られるとしたならば、10年で元が取れる」という意味です。株価が１０００円で、１株当たり利益が１００円ならば、ＰＥＲは10倍です。毎年１００円の純利益を10年間得られれば、10年で１０００円の利益となります。投資元本（１０００円）と同額の利益を回収できるわけです。

同様に、ＰＥＲ30倍は、「同じ利益を上げ続ければ、30年で元本を回収」という意味です。ＰＥＲ40倍は、「同じ利益を上げ続ければ、40年で元本を回収」という意味です。

他の条件が同じならば、ＰＥＲ10倍が一番割安で、次に20倍が割安で、30倍はやや割高、40倍が一番割高となります。世界各国の株価指数のＰＥＲは、おおむね10－20倍で推移してきました。なお、株価指数のＰＥＲは次式のように構成企業の時価総額合計を純利益合計で割って計算します。

株価指数ＰＥＲ＝時価総額合計÷純利益合計

③投資リスクを知る上で重要

会社には倒産するリスクがあります。近年、上場企業の倒産は稀ですが、昔はたくさんの倒産がありました。「何年で元が取れるか」というＰＥＲの評価は、いつ破綻するかわからないリスクの高いビジネスに投資する際に重要です。なぜならＰＥＲは投資元本を回収するのに必要な年数の目安を示しているからです。

株式会社は、16－17世紀のイギリスで誕生しました。イギリスからインドまで貿易船を出すことは、きわめてリスクの高いビジネスでした。途中で船が難破したり海賊に襲われたりすると、投資したお金がゼロになるかもしれません。一方で無事航海を終えて戻ってくれば莫大な利益がもたらされました。

こうしたハイリスクのビジネスへの投資リスクを、たくさんの投資家で分担する仕組みが、株式会社でした。そのようなハイリスク投資においては、貿易船が何回無事に帰れば投資元本を回収できるかは、投資のうまみを知るのに重要な指標でした。

その延長線上に現代の株式会社の評価があります。何年間、倒産しないで利益を生み続けると元が取れるかというメドを知るため、ＰＥＲが何倍かを計算します。今でも欧米ではＰＥＲによって株価の割安度を測るのが普通です。

④ＰＥＲだけでは割安・割高を判断できない

ＰＥＲだけを見て、割安・割高を判断するのは適切ではありません。ＰＥＲはあくまでも、今期予想の1株当たり利益に対して、何倍まで株が買われているかを示しているにすぎません。

現実には、今期と同じ利益が将来も続くわけではありません。将来の利益がどうなるか、増えていくのか減っていくのか、そのイメージ次第で今期予想ＰＥＲの捉え方が変わり、高い水準まで株価が上がるか、低い水準に放置されるか決まります。

個別銘柄で見るとＰＥＲ５倍でも割高な場合があります。今期の利益は大きいが、来期以降に利益が急減し、５年以内につぶれてしまう可能性があるならば、ＰＥＲ５倍でも投資するわけにはいきません。一方、ＰＥＲ60倍でも割安のことがあります。来期以降、売上も利益も２倍、３倍……と増えていく成長株ならば、ＰＥＲ60倍でも積極的に投資していくべきです。個別銘柄では、妥当ＰＥＲにかなり大きな開きが出ます。

それでも、面白いことに一国の株式市場全体を表す株価指数のＰＥＲで見ると、世界各国おおむね10－20倍に収まっています。

20世紀にバブルとバブル崩壊を経験した日本株

日本株は１９８０年代後半にバブルを、90年以降バブル崩壊を経験しました。73年当時、日経平均は５０００円前後でした。東証一部のＰＥＲは約13倍でした。この時の日本株は「割安」でした。

ところが、その後、日経平均はどんどん上がり続け、89年（平成元年）末には３万８９１５円の史上最高値をつけました。この時、東証一部のＰＥＲは約60倍まで上昇し、10－20倍が妥当と考える世界の常識をはるかに超えた「バブル」となりました。

日経平均の推移（年次、1973年-2021年4月30日）

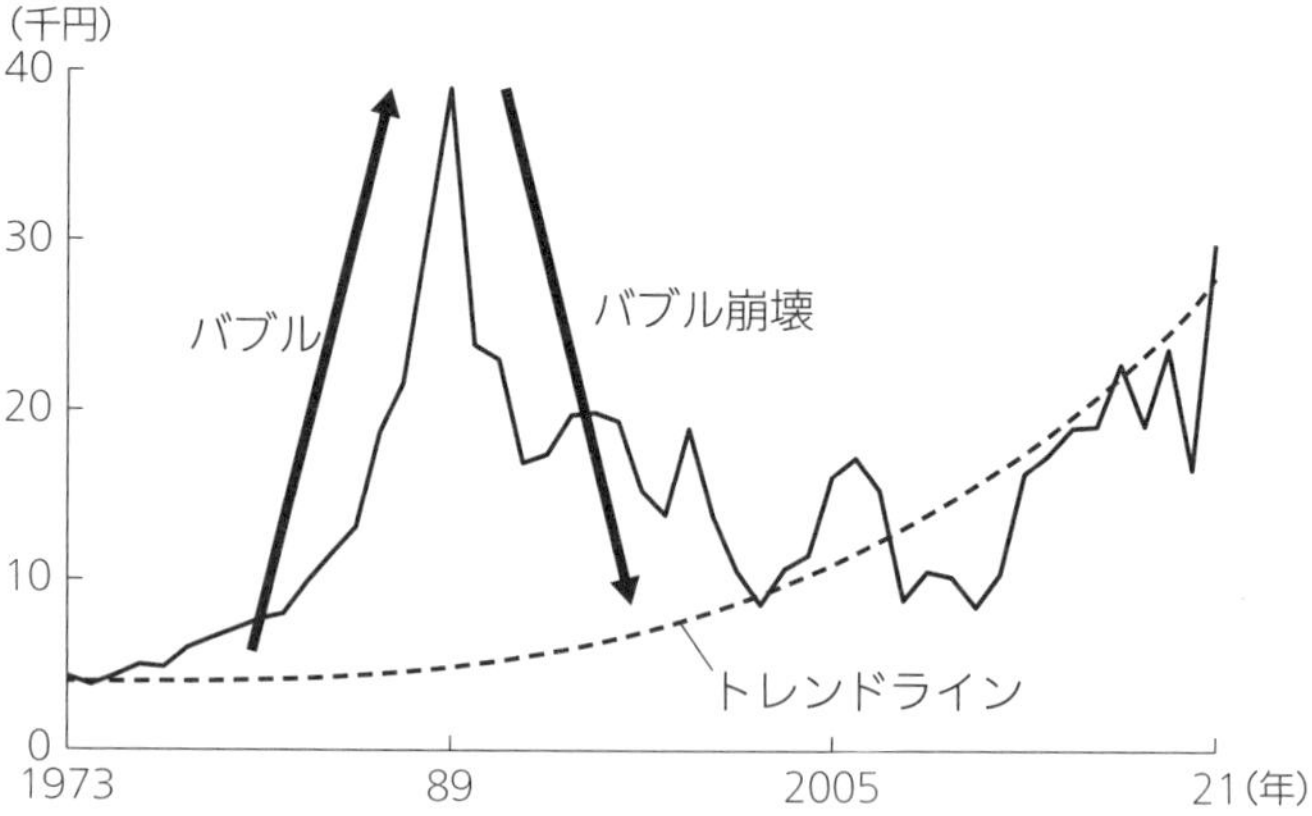

（注）トレンドラインは筆者推定。

バブルは、平成に入ってから崩壊しました。ただし、「平成の構造改革」で復活した日本株は２００９年以降、再び、上昇トレンドになりました。今はＰＥＲ10－20倍の範囲に戻りました。利益で説明できる「実力」によって、日経平均３万円まで戻ってきたと考えています。

上のグラフは、１９７３年から２０２１年４月２日までの日経平均の動きと、そのトレンドラインを示しています。トレンドラインは、企業価値から説明できる日経平均フェアバリュー（妥当水準）の推定値です。20年末時点で２万７８５０円まで上昇しています。21年には、３万円を超えていく見込みです。

このように、30年前にバブルだった日本株も、今は財務内容や収益力で説明できる水準となりました。

日本株バブルは、なぜ発生し、なぜ崩壊したか？

ところで、80年代にはなぜ、利益を無視して株がどんどん上昇するバブルが発生したのでしょうか？　20世紀はモノの豊かさを求めて人類が努力した時代でした。生活を豊かにする便利なモノを開発し、いち早く低コストで大量生産するのに成功した製造業が成長した時代でした。その頂点に立った日本への熱狂がバブルを生む要因だったと思います。

20世紀、製造業の戦いを日本企業は勝ち抜きました。自動車・半導体・エレクトロニクス産業で、日本企業は次々と世界トップの競争力を獲得していきました。トヨタ・ホンダ・ソニー・松下・パイオニア・NEC・日立などが製造業で世界の頂点に上りつめました。

今、世界経済を支配しているのは、製造業でなくIT産業です。GAFAM（グーグル・アマゾン・フェイスブック・アップル・マイクロソフト）が世界のITインフラを支配して成長しています。それらはみな米国企業です。

GAFAMがすべて米国企業とは驚くべきことですが、80年代、製造業で世界の頂点に上り「GAFAMがすべて日本企業」であるのに等しいくらい、すごいことでした。当時ベストセラーとなった『ジャパン・アズ・ナンバーワン』という社会学者エズラ・ヴォーゲルの著書では、「日本的経営は世界一」と高く評価されました。そのことも日本株バブルを生む熱狂につながったのだと思います。

ところが、平成に入ってから、日本株バブルはあえなく崩壊しました。20世紀は製造業が成長する時代でしたが、21世紀に入り状況はがらりと変わりました。大量生産技術が高度に発達し、モノはすぐに大量供給され、価格が急落するようになったからです。

中国・韓国・台湾企業などアジア企業が、製造業で成長するビジネスモデルを壊してしまいました。欧米では、競争激化により産業全体で利益率が低下すると、生産を減らすのが普通です。ところが、アジアの製造業は違いました。全社が赤字になってもシェア競争を優先し、生産を減らさない企業がたくさん出ました。全社赤字の我慢比べは「アジア的競争」と言われました。その結果、最先端のハイテク産業でも、製造業では利益を上げにくい時代になってしまいました。

製造業で世界トップに立った日本は、製造業では稼げない21世紀に入ると凋落しました。そのことが、日本のバブル崩壊の根源にあります。さらに不動産バブル崩壊、金融危機も加わり、日本株バブルは崩壊しました。

モノが余る時代、「良質なサービス」は恒常的に不足

21世紀に入り、モノが大量生産されて恒常的に余るようになる一方、恒常的に不足するものが現われました。「良質なサービス」です。

人間によって提供されるサービスは、モノのように大量生産できないため、増大する需要

に供給が追いつかず、恒常的に不足が叫ばれるようになりました。かつて「保育園落ちた日本死ね!!!（本来の投稿記事名は）」という女性からのネット投稿が話題になりましたが、共働き世帯に対する保育サービスは今も完全に供給不足です。保育に限らず、医療・介護・教育・防犯・警備・トラック運転・熟練建設工など、良質なサービスの不足が深刻な分野はたくさんあります。

どんな時代も、不足して困っているものを、安く大量に供給する仕組みを作った企業が成長します。20世紀は、それは製造業でした。21世紀は、製造業に代わり、良質なサービスを安く大量生産する仕組みを作る企業が成長する時代になりました。その代表がＩＴ産業です。産業用ロボットがモノを大量生産するように、ＩＴサービスは人間が必要とするさまざまな有人サービスの大量生産に道をつけています。

Ｅコマースは、リアル店舗を作るコストを省き、ネットを通じて小売サービスの量産を可能にしたビジネスです。Ｅコマースに限らず、さまざまなサービス業や金融業でリアル（有店舗）からネット（無店舗）への移行が急速に進んでいます。そこに、さまざまな新興・成長企業が現れています。情報通信・サービス業の中にＰＥＲが高い銘柄が多いのは、景気変動の影響を受けにくい成長の仕組みを作ったことに対する評価だと思います。

日本語では「これはサービスです」は「無料です」を意味します。昔、日本にはモノを売るためにサービスをただで提供する慣行があったので、そういう言葉が生まれました。ところが、今の企業には、正反対の行動が広がっています。それは、「アフターサービスで稼ぐために、ハードは赤字で売る」ビジネスモデルです。つまり、サービスを売って稼ぐためにモノは赤字で我慢するというビジネスです。

アフターサービスは、消耗品の販売、メンテナンス、システム化、カスタム対応、エンジニアリングなど、さまざまな分野に広がっています。モノでは利益が出ず、ITで利益を稼ぐビジネスは、これからさらに広がっていくと考えられます。製造業王国であった日本にとって試練が続きます。

ただし、そんな日本にも復活の芽が出ています。平成時代に行った構造改革の成果が出てきているのです。

「失われた20年」から「復活の20年」へ

89年は、日経平均が史上最高値をつけた年でした。後に「バブル崩壊」「失われた10年」と呼ばれる90年代の始まりでした。平成に入って最初の10年・20年は、「失われた10年」「失われた20年」と呼ばれました。しかし、今振り返れば、その時に行った構造改革によって日本企業は復活していったのです。

平成最後の10年間（2010－19年）は、構造改革の成果によって日本企業が新たな飛躍を始める時期となりました。私は令和の最初の10年（2020－29年）で、その成果を刈り

平成・令和の日経平均推移（1988年12月末-2021年4月末）

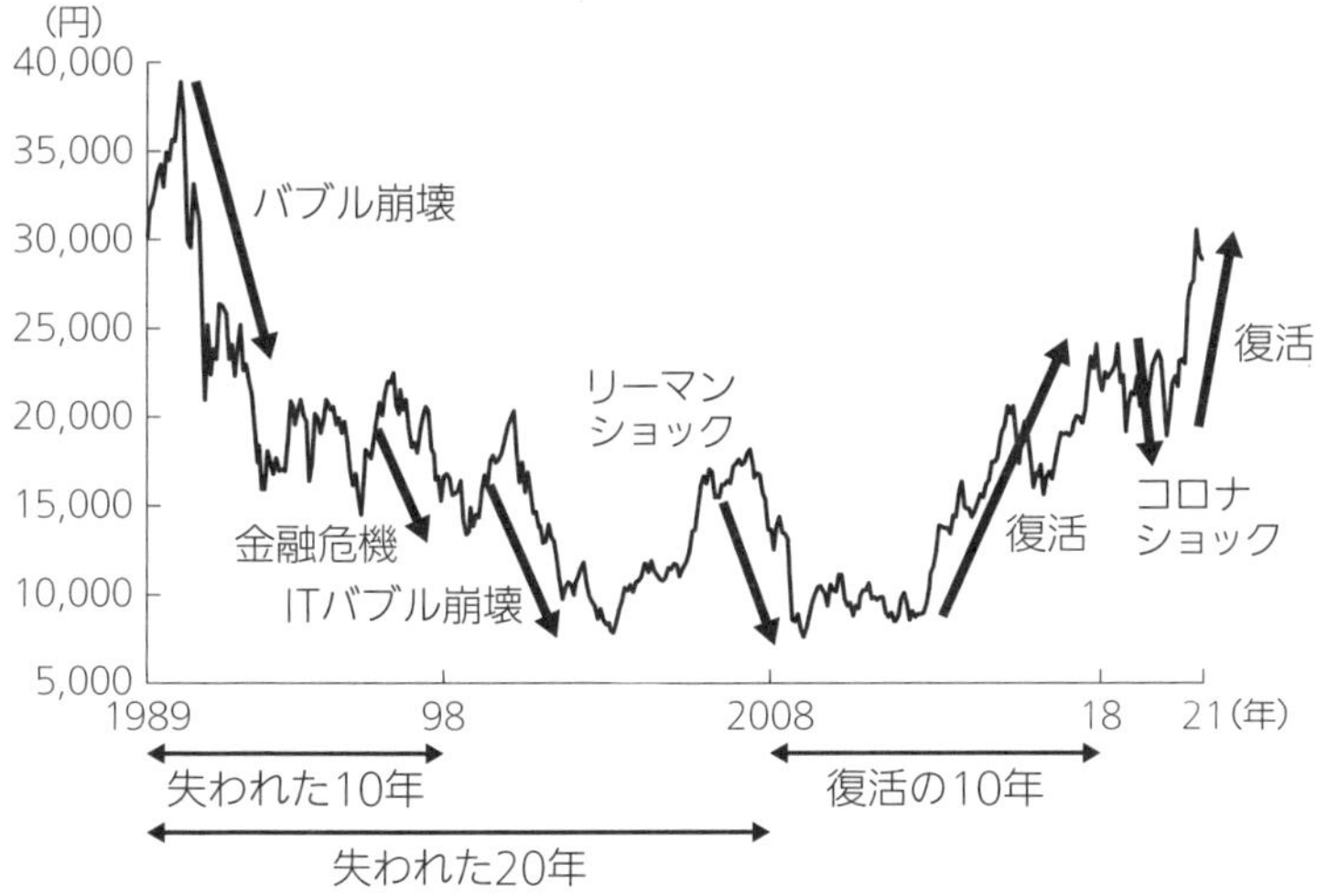

（出所）楽天証券経済研究所作成。

取っていくことになると思います。日経平均は決してバブルではなく、実力で史上最高値（３万８９１５円）を超えていくと予想します。平成最後の10年と令和最初の10年を合わせ、復活の20年になることでしょう。

日本企業をよみがえらせた平成の構造改革

リーマンショックを経て、復活の10年が始まりました。日経平均が３万円を超えたのは、失われた20年で行った構造改革の成果だと思います。その内容は以下の通りです。

〔1998-2005年の構造改革〕

●輸出企業は海外生産主体に

現在の日本企業は原則として、海外現地生産・現地販売を徹底しています。アジアで生産して欧米へ輸出するパターンもあります。日本で生産して輸出する製品は、日本特有の高付加価値品に限定しています。

このことには2つのメリットがあります。まず、米国などとの貿易摩擦が起こりにくくなったこと。87年には日米貿易摩擦が苛烈になり、一時は米国議員が議会で日本製品を金づちで叩き壊すといった感情的な対立に発展していました。今の米中貿易摩擦に似た状況でした。ところが、日本企業はその後米国で現地生産を拡大させ、今では米国との貿易摩擦は起きにくくなっています。

海外現地生産には、もう1つメリットがあります。日本の輸出企業が、円高でもダメージを受けにくくなったことです。さらに、日本国内で工場労働者を確保しにくい問題も、海外現地生産を拡大することで解決しています。

中国企業もこれからは米国での現地生産を増やして、米国との摩擦を避けることが必要です。ところが、米中の政治対立が激化してできにくくなっています。日本企業は早くから、海外での現地生産を進めてきたことによって米国社会に溶け込みましたが、中国企業には当分できそうにありません。

●金融危機を克服
日本の金融機関は10年以上かけて不動産バブル・不良債権の処理を完了しました。大手銀行の破綻や合併が相次ぎ、13行あった都市銀行は3メガ銀行グループに集約されました。

●生き残りをかけた合併・リストラが進む
金融・化学・鉄鋼・石油精製・セメント・紙パルプ・医薬品・小売業などで、生き残りをかけた合併・リストラが進みました。１９９８−２００５年は、戦前からのライバル企業が次々と合併・経営統合し、経済史に残る「大合併時代」となりました。

●財務体質を改善
日本中の企業が借金返済にまい進し、借金過多のバブル時より財務が大幅改善しました。無借金企業も増えてきました。

●省エネ・環境技術をさらに進化
日本は１９７０年代以降、省エネ・環境技術で世界をリードしてきましたが、２０００年代の資源バブルでさらに技術優位を広げました。

〔2006-2013年の構造改革〕

●内需産業が海外で成長

内需産業（小売り・食品・サービス・化粧品・金融・陸運など）が海外（主にアジア）に進出。日本の厳しい消費者に鍛えられた日本の内需産業は、アジアでは高品質サービスで高い競争力を持つことができました。その結果、人口が減る日本の内需産業であった小売業・食品業の中から、アジアで売上を拡大する成長企業が多数出るようになりました。

●ITを活用した技術革新が進む

ITを駆使する成長企業が増えてきました。AI（人工知能）・IoT（モノのインターネット化）の本格的な活用が始まりました。製造業でも、サービス化・IT化に対応した「脱製造業」のビジネスモデルが広がりつつあります。サービスロボットを活用した、サービス産業の生産性向上も進み始めています。

●海外で巨額のM&Aを仕掛ける

日本企業が大型M&Aを次々と実施し、海外企業を買収。海外進出を加速しています。

●働き方改革・ガバナンス改革

まだ道半ばですが、労働生産性を高める働き方改革、ガバナンス改革が、急速に進んでいます。コロナ禍で、リモートワーク・リモート会議が広がっていることも働き方改革の加速に貢献しています。

日本の強さは、日本人が常に危機感を持ち続けるところにある

私は、令和に入って最初の10年、平成の構造改革の結実によって、日本株がさらに飛躍する時期になると予想しています。ただし、私の考えと正反対の悲観論を語る人がたくさんいることも知っています。

日本に対する代表的な悲観論には以下のようなものがあります。

①人口が減る国。GDP成長率が低い

②IT後進国。米国にも中国にも勝てない

③労働生産性が恒常的に低い

④引用論文数の低下など科学立国に陰りの兆候

⑤自然災害多発国。地震やスーパー台風の被害が続く

日本人はどうしてこうも物事を悲観的に見るのか不思議に思います。こうした悲観論に対しては以下のように考えています。

①人口が減る国。GDP成長率が低い

日本企業は、成長率が高い欧米やアジアにどんどん出ていくことで、成長しています。かつて内需産業と言われていた小売り・食品・サービス・化粧品・金融・陸運などが海外で成長するようになりました。自動車・電機・機械など輸出産業は、海外現地生産・現地販売が当たり前になり、海外ビジネスを拡大しています。

日本企業は近年、海外で巨額のM&Aを実施し、海外ビジネスの拡大に拍車をかけています。日本人は、シャープなど日本企業が海外企業に買収されると、「いよいよ日本の凋落が始まった」と大騒ぎしますが、日本企業がどんどん海外企業を買収していく事実には無頓着で、おごり高ぶることはありません。

こうして海外ビジネスを拡大させた成果によって、日本は常時、高水準の経常黒字を稼ぎ続けています。失われた20年でも、経常収支は常に黒字でした。結果として世界最大の純債権国となっています。その富を活用して、さらに海外ビジネスを拡大していく積極性を失っていません。

②ＩＴ後進国。米国にも中国にも勝てない

日本はＩＴ活用の面で、米国にも中国にも遅れてしまいました。ＩＴ活用のルール作りで政府がリーダーシップを発揮できていないことが致命的となっています。一方で、製造業においてＩＴを活用した構造改革は急速に進みつつあります。脱製造業・ＩＴを活用した成長企業への転換の成功事例として、本書ではソニーグループの説明をしました。ソニーに限らず、トヨタ自動車や富士通など日本を代表する製造業で、ＩＴを使った構造改革が急速に進みつつあります。

遅れていたＩＴインフラの整備も、コロナショックを受けてようやく進み始めています。まだまだ出遅れ感は否めませんが、ようやくＩＴを活用した構造改革が社会全体で進みつつあります。

たとえば、農業でも、ＩＴを活用した技術革新が進んでいます。製造業の経験を生かした農業改革によって、農業が輸出産業として成長する日がくる可能性もあると思います。

③労働生産性が恒常的に低い

日本の労働生産性が欧米に比べて低いことは有名です。ただし、それは単純にネガティブだけとは言い切れません。労働生産性が低いと言われつつ、日本のオフィスワーカーの事務能力の高さ（ミスの少なさ）は欧米と比べものになりません。日本的サービスの品質の高さ

も、欧米とは比べ物になりません。それが、日本の観光業やサービス産業の強みになっているし、製造業でもきめ細かなカスタム対応やアフターサービスの強みにもつながっています。そこまでやるから労働生産性が低くなる一方、そこまでこだわることが日本の競争力につながっている部分もあります。

もちろんそんないい話ばかりではありません。DX（デジタル・トランスフォーメーション）の遅れや、働き方改革の遅れが低生産性につながっている事実に対しては、大いに反省する必要があります。

④引用論文数の低下など科学立国に陰りの兆候

一時期に比べて、科学立国としての地位が低下していることは否めません。そうはいっても、世界中で日本車が走り回り、日本のロボットが使われ、日本のアニメや日本食が普及していく流れは変わりません。基礎研究で遅れても、応用分野で巻き返す日本のお家芸は健在です。

日本の強さは、あらゆる分野で世界一を取ろうとするところにあります。世界第1位だったものが、2位や3位に低下すると、「凋落の始まり」とすぐに大騒ぎになります。今でも、客観的にみて日本は技術大国です。それでも危機感を失わないところが日本人の強みだと思います。

⑤自然災害多発国。地震やスーパー台風の被害が続く

日本が自然災害の多発国である事実は変わりません。しかし、それをバネに日本人は努力を続けています。大災害が起こった時に、日本特有の強い団結によって危機を克服していく力は、海外からも驚かれています。

1923年関東大震災、1995年阪神・淡路大震災、2011年東日本大震災、2016年熊本地震など、大きな地震災害が続いています。その都度、対策を強化し、災害に強い国に変えてきました。その結果、日本の耐震建築技術は、世界トップです。その技術が、海外で土木・建設工事を受注する際の強みにもなります。

阪神・淡路大震災の後、強度に問題のあることがわかった建物や高速道路には、全国で一斉に耐震補強工事がされました。東日本大震災では、津波によって大きな被害が発生しましたが、地震の揺れで倒れた建築物はほとんどありませんでした。近年多発している豪雨による河川の氾濫や洪水被害も、これから対策を強化していくことで、少しずつ被害を小さくしていくことが可能でしょう。

日本は確かに自然災害の多い国ですが、一方で世界中がうらやむ豊かな国土を持つという事実もあります。世界がうらやむのは、まず水資源が豊富にあることです。四季折々の美しい自然に恵まれていることも、日本の宝物です。

中国内陸部や中東、アフリカなど水不足が経済成長の障害になる地域は地球上にたくさん

あります。日本人は「安全と水はタダ」と思っていますが、それが経済にとってどれだけ大きなプラス要因か、改めて見直すべきだと思います。

日本人が日本に悲観的なのは日本人のよいところだと思います。日本人がすぐれていると思うのは、世界中あらゆるところで、日本の自動車が走り、日本のロボットが使われ、日本の技術が活躍していても、簡単に「おごり高ぶらない」ところです。世界に誇る技術や企業がたくさんあっても、「日本はこのままではダメになる」と危機感を持ち続け、努力を続けています。

もう1つ、すぐれていると思うところは、日本人の多くがチームプレーに徹することができることです。若い世代で個人主義が広がっているとも言われますが、基本的な資質は変わっていないでしょう。体格差で劣る日本人が、スポーツで欧米選手に勝つのは、チームワークが生きる時が多いことからもわかります。

さらにもう1つ、日本人のすぐれているところは、品質に徹底的にこだわることです。製造業で培われた高品質は、サービス化・IT化社会になり、きめ細かな高品質サービスとして、国際的に評価されるようになっています。その成果がこれから出てくると思います。

日本株を売り、日本への投資をやめるべき時は、日本人がみな（今の私のように）、「日本はすごい」と自画自賛する時でしょう。私のように「日本はすばらしい」という人ばかりになった瞬間、日本の成長は止まります。しかし今は、そうなってはいません。

第4章
脱炭素・DX時代に飛躍する日本企業

DXで変わる日本の製造業に期待

日本はDX（デジタル・トランスフォーメーション）に出遅れたと言われています。GAFAM（グーグル・アマゾン・フェイスブック・アップル・マイクロソフト）を擁する米国より遅れているのはやむを得ませんが、それだけではありません。国家権力をフル活用して強引にDXを進める中国も、気づけば日本よりはるかに先を行っています。日本はマイナンバーの活用1つ進まず、米国にも中国にも遅れてしまいました。

一方、日本の製造業で急速にITを活用した構造改革が進んでいることには注目すべきです。私は、令和の時代に、DXで力をつけた日本の製造業が復活することを期待しています。変わる製造業の期待の星、二大巨頭は、ソニーグループとトヨタ自動車です。

20世紀に製造業の雄だったソニーグループは、今やITを活用した総合エンターテインメント企業として復活・成長しています。同じく製造業の雄だったトヨタ自動車は、CASE革命によってIT企業として復活の道を探ります。

CASEとは、Connected（コネクティッド：インターネット接続）、Autonomous（オートノマス：自動運転）、Shared（シェアード：カーシェアなど共有システム）、Electric（エレクトリック：電動）の4つの頭文字を取ったものです。トヨタはCASE革命を成功させないことには自動車産業で生き残れないと、不退転の覚悟で取り組んでいます。私は、トヨタ式の構造改革によって、令和の時代に大きな成果を出すだろうと期待しています。

もう1つ、令和時代に期待している重大テーマがあります。脱炭素です。日本企業は脱炭素でも活躍する素地を持っています。ただし、すんなり活躍の道が開けるわけではありません。

省エネ・環境技術トップの日本を待っていた「落とし穴」

人類は真剣に、脱炭素に向けて経済社会の改革を進める覚悟を決めたようです。欧州についで米国・日本でも、脱炭素に向けた社会改革が進む見通しとなりました。深刻な大気汚染に苦しむ中国やインドなど新興国も、脱炭素の目標を示すようになりました。

これには2つの理由があります。

① 化石燃料を燃やし続けることが、大気汚染や地球温暖化などの環境破壊につながっているという事実を無視できなくなった。

② 太陽光や風力を活用した発電技術が格段に進歩。自然エネルギーによる低コスト発電が可能になってきた。

令和の時代は、「脱炭素」(注)がDXと並び、株式市場の重要テーマになるでしょう。

(注)脱炭素：「カーボンフリー（炭素なし）」とも言います。化石燃料（主成分は炭素）を燃やす（酸素と結合させる）と二酸化炭素（CO_2）が排出されます。二酸化炭素の排出を実質ゼロにすることを「脱炭素」と呼ぶのが一般的です。化石燃料から脱却、自然エネルギー（太陽光・風力・水力など）への転換を進め、さらに空気中の二酸化炭素を吸着して地中に封じ込めることで、早期に実質的な排出ゼロの実現を目指しています。

日本企業は、１９７０年代のオイルショック以降、省エネ・環境技術で世界の最先端を走り続けてきました。ところが、省エネ・環境技術大国であった日本に、１つ大きな落とし穴が待ち受けていました。今、日本企業はその落とし穴にはまって苦しんでいるところです。

日本企業は、オイルショックを乗り切ってから、化石燃料の効率的利用では、世界トップの実力を持ち続けています。大気汚染・酸性雨の原因となるCO_2、NO_X（窒素酸化物）、SO_X（硫黄酸化物）の排出を極力少なくする環境技術もすぐれています。ところが、それが、世界から評価されにくくなっています。

今、世界各国が進めようとしているのは「脱炭素」です。化石燃料を使う限り、どんなに効率的に使っても「すべて悪」と決めつける風潮があります。日本が持つ化石燃料の効率的利用技術ですら排除する動きが出ており、日本企業を苦しめています。その代表は火力発電とハイブリッド車です。

構造不況に陥った火力発電

日本は、石炭火力発電およびガス火力発電で世界トップクラスの環境技術を有します。どちらも、化石燃料の効率利用を推進する上で重要な技術です。

環境への負荷が大きく、削減が強く求められているのは、石炭火力発電です。2019年時点の電源構成において、石炭火力は36％と最大の比率を占めているからです。

石炭火力発電は、低コストのベース電源（昼夜を通じて常時同じ出力で発電を続ける電源）として新興国で幅広く使われています。中でも高成長国の中国・インドでは電源構成の6－7割と高い比率となっています。環境性能の低い旧式の石炭火力発電がたくさん残っていることが、深刻な大気汚染を引き起こす原因になっています。

先進国で石炭火力発電の比率が比較的高いのは、ドイツや日本です。脱原発を進めるドイツや、原発停止が続く日本でも石炭火力発電の比率は約3割と高止まりしています。ただし、石炭火力の新設が認められなくなってきているので、石炭火力発電は構造不況ビジネスとなりました。

ガス火力発電も将来的には減らすことが求められるものの、現在は以下３つの理由から拡大が容認されています。

①　石炭・石油に比べると相対的に環境への負荷が小さい。

②　出力が安定しない自然エネルギーを拡大する際、出力調整が容易なガス火力を同時に調整電源として拡大することが、電力需給を均衡させるために必須。

③　油田で燃やして捨てられているガスが大量にあり、それをＬＮＧ（液化天然ガス）に転換して運び、きちんと発電に使うことが重要。

次世代エコカーになれなかったハイブリッド車

ガソリン車の販売を将来ゼロとすることを目標にする国が増えています。自然エネルギー100％で地球中のすべての自動車を動かすことが、最終的な目標となっています。脱ガソリン車を実現するために、２つの方法が考えられています。

- 自然エネルギーから作った電気で動く、ＥＶ（電気自動車）への転換
- 自然エネルギーから作った水素で動く、燃料電池車への転換

ただし、これを実現するには、何十年もかかります。ＥＶも燃料電池車も技術的障壁が大きく、大量生産によって低コスト生産を可能とするのに時間がかかるからです。それを待っている間にも、世界の人口増加に伴って、ガソリン車の世界販売がどんどん拡大していく見込みです。

地球環境のことを考えるならば、ＥＶへの転換だけでなく、低燃費のガソリン車を、燃費・環境性能の高いガソリン車に置き換えていく努力が必要です。つまり、ガソリン車からハイブリッド車への置き換えを世界規模で進めることが、環境性能の大幅改善に寄与します。

ところが、今、世界では「ガソリンを使う車はすべて悪」と決めつける風潮があって、ハイブリッド車ですら、ガソリンを使う車として排除する対象（販売にペナルティが科されるガソリン車）に加える傾向があります。

たとえば、米国では環境規制の厳しいカリフォルニア州などで、ＺＥＶ規制（排出ガスゼロ規制：排出ガスがゼロ、あるいは限りなくゼロに近い自動車の販売が一定比率以下だとペナルティ支払いが必要となる規制）が導入されています。ここでは、ＥＶ（電気自動車）・燃料電池車・プラグインハイブリッド車のみゼロ排出車とされ、ハイブリッド車は通常のガソリン車と同じ扱いで、販売にペナルティが科せられる車となっています。

ハイブリッド車はＥＶとガソリン車の中間の性格を持ち、ガソリンを使う自動車としてもっとも高い燃費を実現しています。主要技術はトヨタ自動車など日本勢が開発し、独占的に保有しています。もし世界の主要国が、自動車による大気汚染を減らすための第一歩として、ガソリン車をハイブリッド車に置き換える政策を進めるならば、トヨタなど日本の自動車産業に莫大なメリットが及ぶはずでした。

ところが、そうはなりませんでした。欧米で次世代エコカーと認定されたのは、電気自動車・燃料電池車・プラグインハイブリッド車まででした。ハイブリッド車はガソリン車と同様に、規制される対象になっています。

唯一の救いは、中国が２０２１年からハイブリッド車を環境車の認定に再び加えたことです。中国は、ハイブリッド車を環境車の範囲から一時外しましたが、ＥＶの普及が遅々として進まず、ガソリン車の排出ガスの問題がどんどん深刻化していたことから、21年からハイブリッド車を加え、環境車として販売促進を図る方針に転じています。

２０５０年の「脱炭素」は可能

世界各国が脱炭素の目標を掲げる時代となりました。菅首相も「２０５０年までに脱炭素を実現」と、高い目標を掲げました。化石燃料を大量に消費して生活している私たちが、たったの30年でそのような高い目標を実現できるのでしょうか？

私は、人類が本気を出せば可能と考えています。なぜならば、地球は外も内も莫大な自然エネルギーで満ちあふれているからです。そのほんの一部だけ使いこなせば、人類が使うエネルギーは簡単にまかなえます。人類の持つ技術開発力をフル動員すれば、50年までに自然エネルギー主体のエネルギー循環社会は実現可能だと思います。

ただ、技術開発に取り組むのを阻む3つの障害があります。それを取り除かなければ、50年までの脱炭素は実現しないでしょう。そのことに触れる前に、まず地球内外に存在する莫大なエネルギーについて説明します。

①太陽から降り注ぐエネルギーの活用

地球外から毎日、莫大な太陽エネルギーが地球に降り注いでいます。そのエネルギーのほとんどは地球に留まらず、夜には宇宙に放出されます。そのほんの一部を捉えて電気など人類が使いやすいエネルギーに変換できれば、化石燃料を燃やす必要がなくなります。

ただし、太陽エネルギーの活用には重大な問題があります。太陽エネルギーが広く薄く地球全体にばらまかれていることです。エネルギーの総量は莫大でも、1カ所にまとまっていないので、効率的に収集できません。うまくエネルギーを集中させる工夫が必要です。

水力・風力などを使った発電は、もとをたどれば、ほとんどすべて太陽由来のエネルギーです。広く薄く分散した太陽由来のエネルギーが、水や風の流れに変わり特定箇所に集中しているのを、うまく捉えて発電しています。

近年、太陽由来のエネルギーを活用する発電のコスト低下が急速に進んでいます。水力発電はもともと低コストで、古くから地球上で幅広く使われてきました。風力発電も急速にコストが下がっています。陸上風力ではなく、洋上風力にすることで大規模にプロペラを使って安定的に風を受けることができ、発電効率を上げることが可能となっています。

太陽光発電も、規模を拡大してメガソーラーとすることで発電コストを大幅に低下させ、補助金なしで競争力のある「グリッド・パリティ」を達成しつつあります。日本は自然エネルギーの発電コストの引き下げ競争で、欧米に大きく遅れてしまっていますが、これから巻き返していくところです。

これからも、太陽由来のエネルギーを低コストで大量にうまく捉えていく方法が増えていくでしょう。自然エネルギー発電は、発電コストだけ考えるならば補助金なしで、化石燃料発電と戦える電源になります。残る問題は後段で説明する流通コストです。

②地球内部のエネルギーを活用

地球内部の97％が１０００℃を超える高温であることをご存知でしょうか。地球のどこでも1万メートルも掘れば、２００℃を超える高温域に達します。そのエネルギーを使って発電すれば、理論上は人間が地上で使うエネルギーはすべてまかなえます。ただし、今の技術では、そんなに深くまで掘って熱を使おうとしても、コストがかかりすぎて実現しません。

1000メートルから2000メートル掘って100℃〜200℃の高温域に達する地域では、ところによって熱水だまりが見つかります。熱水だまりとは、火山などによって水蒸気に変わった地下水が、堅い岩盤によって地下に閉じ込められている場所のことです。大規模な熱水だまりが見つかれば、そこから水蒸気を取り出してタービンを回すだけで、低コストの電気が得られます。出力が安定しているので、ベース電源として使えます。

ただし、熱水だまりを活用する地熱発電は、できる国が限られます。地熱資源（地熱発電に使える熱水だまり）を持つ国がかたよっているからです。日本・インドネシア・米国は、3大地熱資源国と言われています。

熱水だまりを活用するだけならば、永続性のある電源とはなりません。もし、熱水だまりを開発してどんどん使ってしまったら、いずれ地熱資源は枯渇してしまいます。地中のエネルギーを永遠に使い続けるためには、もっと深くまで掘り進んで、以下に説明する「高温岩体発電」を実現するしかありません。

地球内部をさらに掘り進むと、莫大なエネルギーが存在します。地球上どこでも1万メートル掘れば200℃を超える高温帯に達しますが、そんな深くまで掘るのはコストがかかりすぎて割に合いません。そこで現在、地下2000〜5000メートル掘り進んで200〜300℃の高温帯に達する場所を探して発電に利用することが検討されています。そこに水を送り込んで水蒸気にしてタービンを回し、発電する方法の開発が進められています。それが高温岩体発電と呼ばれる発電方法です。

ただし、実用化に向けての開発は遅々として進みません。技術的に難しいのは掘削だけではありません。地下に送り込んだ水の回収率を高めるのも課題です。発電に使用した水を回収して何度も使えなければ、永続的な電源として利用できません。さらに大きな問題は地震の誘発リスクです。スイスで行われていた高温岩体発電の実証実験は、地震を誘発したために中止となりました。

技術的なハードルがたくさんあり、すぐに大規模電源とはなりませんが、人類が使い続けることのできる永続電源となるポテンシャルがあるので、今後の開発に期待したいところです。

脱炭素を阻む3つの障害

人類が本気で取り組めば、50年までの脱炭素は実現可能と思います。しかし、実際には実現しないかもしれません。最大のリスクは、「人類が本気で取り組まない」リスクです。その他テクニカルな問題も含め、脱炭素を阻む3つの障害があります。

①地球上に安価な化石燃料がまだまだ大量にある問題

安価な化石燃料が莫大に存在することが、自然エネルギー開発を遅らせる最大の障害です。トランプ前米大統領のように、自然エネルギーを完全否定して、化石燃料をどんどん開発して使い続ければよいと考える人もたくさんいます。

化石燃料を使う企業にペナルティを科し、自然エネルギーを使う企業にプレミアムを支払う仕組みを構築して定着させなければ、自然エネルギーの活用は進みません。それを世界中で徹底できないと、脱炭素は進まないかもしれません。

原油が枯渇しそうになって原油価格が急騰すれば、脱炭素の技術開発は文句なく進むでしょう。ところが現実には、地球上には安価な化石燃料が大量に存在します。可採埋蔵量は、これからもどんどん増えるでしょう。技術革新によって、これまで採掘できなかった深海や、シェール層などからこれからも大量の原油やガスが採れるようになると考えられるからです。

未開発のシェール層や日本近海のメタンハイドレート（燃える氷）など未開発の化石燃料は、莫大に存在します。化石燃料が枯渇しそうになることは当分ないと思います。

②流通コストがきわめて高い問題

自然エネルギーによる発電コストはどんどん低下し、発電コストだけで見ると今や競争力のある電源となりつつあります。ところが、流通コストがきわめて高い問題が残っています。流通コストまで含めて低コストとならなければ、化石燃料を本格的に代替することはできません。

もし太陽光パネルをアフリカの砂漠に大量に敷き詰めれば、低コストの電気が大量に得られます。ところが、それを使う術がありません。作られた電気を都市部に運ぶのに莫大なコストがかかるからです。

仮に、送電線網を張り巡らせて、砂漠の電気を都市まで持ってきても、需給調整がうまくいきません。電気は保存ができない（蓄電池で保存できる量は限られる）ので、発電量と電力消費量を常に同時同量としなければならない問題があります。需給調整に失敗すると、停電が頻発する問題に苦しめられます。

これを解決するのが水素の活用です。自然エネルギーで作る電気で水を電気分解して得られる水素を運搬・保存する方法です。電気が必要になれば貯蔵してある水素を燃やして発電すればよく、排出されるのは水だけです。

③環境問題

持続可能な社会を作るために進める自然エネルギーの活用ですが、皮肉なことに、環境問題に突き当たります。

風力発電には重低音公害の問題があります。洋上風力も漁業資源への悪影響が心配されます。地熱発電も高温岩体発電も地盤沈下や地下水への悪影響などの環境問題をクリアできないと前へ進めません。

自然エネルギーで発電を行う地域として人口過疎地が選ばれることが多いですが、人がまったく住んでいない場所は地球上にありません。自然エネルギーの活用は環境問題をクリアしながら進めることが求められます。

自然エネルギー利用を拡大するにはガス火力が必要

脱炭素を進めるには、最終的には自然エネルギーを拡大する必要がありますが、その前にやらなければならないことがあります。それは天然ガス・ＬＮＧの効率的な活用です。

①自然エネルギーは気まぐれ、調整電源としてガス火力が必須

自然エネルギー発電の多くは気まぐれです。太陽光や風力はその典型です。天候によって突然大量に発電できたり、まったく発電しなくなったりします。電気は保存ができないため、需給調整が難しく、自然エネルギーが電源に占める比率が高くなると、無駄に電気を捨てたり停電が頻発したりする問題が起きます。

常に同時同量（発電量と電力使用量を一致させる）を実現するには、自然エネルギーの発電量の変化に合わせて、発電量を増やしたり減らしたりする調整電源が必要です。調整電源として大規模に活用可能なのは、現時点でガス火力発電しかありません。

水素の活用によって需給調整するにはまだ長い年月がかかります。当面は化石燃料であるガス発電で需給調整しないと、自然エネルギーの活用が進まないという現実にきちんと向き合う必要があります。

②石炭火力を減らすには、ガス火力を増やす必要がある

地球規模で脱炭素を進めるならば、経済規模がきわめて大きくなった中国やインドが電源の6－7割を石炭火力に頼っている問題を看過できません。

石炭火力に頼り切っている国で、いきなり自然エネルギー発電に切り替えることはできません。石炭火力は出力調整に長い時間がかかるので調整電力とはならず、ベース電源（昼夜を通じて常時同じ出力で発電を続ける電源）にしかならないからです。自然エネルギーの活用を増やすならば、まず、調整電源としてガス火力を拡大する必要があります。

中国やインドで、石炭火力発電をガス火力発電に置き換えていくことが、脱炭素を世界規模で進めるために必要です。地球上にはまだ活用されずに捨てられている天然ガスが大量にあります。中東の油田では、原油を採掘する際に、出てくる天然ガスを今でも大量に燃やし

て捨てています。それを、すべてLNG（液化天然ガス）に変えてもれなく活用することが、地球環境にとって重要です。

油田で出てくる天然ガスをパイプラインで運べる範囲だけで使うのでは、すべてを活用することはできません。LNGに変換して世界中に運ぶ必要があります。そこで、LNGおよびガス火力発電で高い技術を持つ日本企業には、大いに活躍の場があるはずです。

③化石燃料はすべて悪と決めつける風潮がLNG活用の障害に

LNGを積極的に活用しているのは世界でも日本や韓国などに限られます。油田で天然ガスが燃やして捨てられている問題に目をつぶり、世界ではLNGの活用が遅々として進みません。ガス火力もLNGも含めて、化石燃料を使うことはすべて悪と決めつける風潮があるからです。

世界に広がるESG投資では、「化石燃料はすべて悪、電気や自然エネルギーの活用だけ善」とされていますが、現実的でありません。天然ガス・LNGの活用なしに自然エネルギーの推進すら行えない現実を無視していると思います。

原子力発電には期待できない

脱炭素を進めるために原子力発電を推進する案もあります。私はその考えに同意しません。安全性の問題だけではありません。原発はそもそも経済的に割に合わない電源だからです。

安全対策、廃炉、使用済み核燃料を何万年も保管するコストなどすべて勘案すると、原発はコストが高すぎて経済的に成り立ちません。

電力9社(注)すなわち東京電力HD、中部電力、関西電力、中国電力、北陸電力、東北電力、四国電力、九州電力、北海道電力の中には、予想配当利回りが3－4%台に達する高配当利回り株もありますが、原発を保有する限りリスクが高いので投資は避けたほうがよいと判断します。

(注)電力9社：沖縄電力は原発非保有なので、この9社に含まず、投資判断の対象外です。

原発を運営するコストや廃炉コストは、安全基準の強化によって世界的に年々高くなっています。日本ではこれまで原発は低コスト発電とみなされてきましたが、高コストに変わりつつあります。

「脱炭素」の切り札、水素エネルギーへの注目高まる

近年の技術革新で注目すべきは、自然エネルギーによる発電のコスト低下です。かつて自然エネルギーで発電コストが低いのは「水力発電」と「地熱発電」だけでした。それ以外はコストが高く、政府などによる補助金がないと育成できないと考えられていました。ところ

が、今ではそれも昔話となりました。近年は商業ベースでも展開可能な自然エネルギーが増えてきました。

ただし、自然エネルギーには重大な問題があります。自然任せなので、発電量の調整をしにくいことです。また、需要地から遠く離れた場所で発電することが多く、需要地（都市部）まで運ぶ送電線を確保するのが困難なのです。

電気エネルギーの最大の弱点は、「保存」「運搬」が簡単にできないことです。特に「保存」ができないことがネックです。そのため、自然エネルギーによって、大量の電気を得ても有効に使う術がありません。

先ほども述べましたが、アフリカの砂漠に太陽光パネルを敷き詰めて一斉に発電すれば、大量の電気を得ることができます。ところが、それを都市まで持ってきて使う術がありません。仮に送電線を張り巡らせて砂漠の電気を都市まで運んできても、発電のタイミングと電力消費のタイミングがずれるため、有効に利用できません。

この問題を解決する切り札の1つと考えられているのが水素です。自然エネルギーによって発電した電気を水素に変え、水素を流通させることで、エネルギー循環社会を作ろうとする試みです。

次ページの図をご覧ください。

自然エネルギーから得た電気で水を電気分解すると、水素が得られます。その水素をエネルギー源とするエネルギー循環社会を作ろうという構想です。水素の運搬・保存も簡単ではありませんが、電気を効率良く運んだり貯蔵したりする困難さに比べると、実現可能性が高いと考えられます。

水素エネルギーを使う際は、酸素と化学反応させ、得られる電気を使います。それが燃料電池の発電システムです。排ガスは出ず、水だけが排出されます。

技術的に越えなければならないハードルはたくさんありますが、40－50年をメドに水素社会に向けて技術革新・改革を進める方針を固めた国が急速に増えています。株式市場でも21年以降、水素関連株が折に触れて注目されるようになるでしょう。

水素を使ったエネルギー循環社会
（イメージ図）

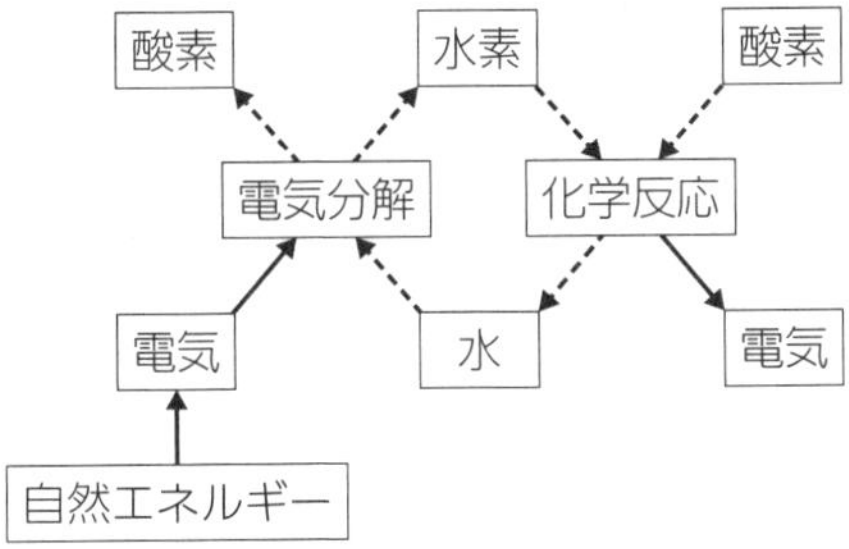

（出所）筆者作成。

トヨタ自動車の燃料電池車、新型「MIRAI」に期待

20年、世界の株式市場でEV（電気自動車）関連株が軒並み大幅上昇しました。その中心はEV生産で最先端を走る米テスラでした。時価総額は一時トヨタ自動車の2倍以上に達しました。

テスラがここまで買われたのは、EVが世界中で次世代エコカーの本命と見なされるようになったからです。世界中の年金・投資信託においては、ESGを重視して投資するマネーが急速に膨らみ、EV関連株に投資資金が集中しました。

ただし、次世代エコカーとしてEVが最初から本命視されていたわけではありません。初期のEVには問題が多く、14年くらいまではガソリン車の代替は無理と思われていました。ガソリン車と比べるとEVには4つの問題があります。

第1の問題は充電に時間がかかることです。急速充電を使ってもフル充電まで20〜30分かかるのが普通です。

第2の問題は1回の充電で走行できる距離（航続距離）が、初期のEVでは100キロメートルくらいしかなかったことです。満タンで500キロ以上走るガソリン車より大幅に短かったので使い物にならないと思われた時期もありました。ただし、近年車載電池の性能が大幅に向上したおかげで、今は200－300キロ走る車種もたくさん作られるようになりました。ガソリン車並みの航続距離500キロを超えるEVも開発されています。ただし、航続距離の長いEVはまだ価格が高額すぎます。実際には航続距離100キロもあれば日常用途には支障ないので、価格が高すぎない普及型で、毎日自宅で夜間に充電して使う方式が定着しつつあります。

EVの第3の問題はインフラ（充電ステーション）整備です。ガソリンステーションと比

次世代エコカーとガソリン車の性能比較

性能比較	ガソリン車	ハイブリッド車	電気自動車	燃料電池車
燃料充塡	○	○	×	○
航続距離	○	○	×→○	○
インフラ	○	○	×→△	×
価格	○	△	×→△	×
排ガス	×	△	○	○

（注）○△×の評価は筆者判断。

べると、まだ数が足りません。将来、ＥＶに乗る人が増えるにしたがって、自然に増加していくと考えられるので心配はしていませんが、それでもガソリン車にくらべて充電時間が長いという問題があるので、混雑する時は充電までの待ち時間が長くなる可能性もあります。

第４の問題はガソリン車と比べ価格が高いことです。とくに電池が高額です。ただ、量産が進むにつれて価格は低下してきています。将来はガソリン車並みの価格に下がると考えられます。

ＥＶの航続距離が短すぎて大衆に普及するのは難しいと思われていた14年ころ、ガソリン車の代替はハイブリッド車と思われた時期がありました。ハイブリッド車はガソリン車とほぼ同様の使い勝手のよさから、高い評価を受けるようになりました。価格は、ガソリン車よりやや高くなりますが、量産によって低下してきています。世界にハイブリッド車が広がれば、ハイブリッド技術を独占的に所有していたトヨタにとって、大きなチャンスになるはずでした。

ところが、車載電池の性能が向上し、ＥＶが次世代エコカーの本命と考えられるようになった16年くらいから、一気に風向きが変わりました。脱ガソリン車→ＥＶ化目標を打ち出す国が急速に増えました。ハイブリッド車は燃費がよくてもガソリンを使うので、次世代エコカーに認定しない国が増えました。

イギリス・フランス・ドイツ・スペイン・ノルウェー・スウェーデンなど欧州主要国が２０３０－40年までにガソリン車・ディーゼル車の販売を全廃し、環境に配慮したＥＶなどに切り替える目標を発表しています。大気汚染に苦しむ中国やインドも、同様の方針を打ち出しています。米国ではバイデン大統領がパリ協定復帰を実現させ、環境規制強化を唱えています。その間も、カリフォルニア州など環境意識の高い地域では、独自のＺＥＶ規制（排出ガスゼロ規制）を実施し、ＥＶや燃料電池車の販売促進を図ってきました。

ＥＶの性能向上が進むにつれ、ＥＶ化を達成する目標時期を早める動きが世界に広がり、そのことがＥＶ関連株の上昇をさらに後押ししました。

このままＥＶが世界を支配する時代が到来するのでしょうか？　それに待ったをかける可能性があるのが、水素エネルギーで走る「燃料電池車」です。トヨタ自動車が20年12月９日に発売した新型「ＭＩＲＡＩ」に期待が集まります。

燃料電池車にも、いろいろな作り方がありますが、今もっとも有望視されているのは「水素タンクに圧縮水素を充填、水素と酸素の化学反応で得られる電気を使ってモーターを回す自動車」です。水素を燃やすときに「水」が発生するだけで、排出ガスはゼロです。EVとともに、燃料電池車も世界各国で次世代エコカーとして認められています。

燃料電池車のよいところは、ガソリン車と同様、短時間（２－３分）で燃料（水素）を充填できることです。また、ガソリン車並みに航続距離を長くできることです。新型ＭＩＲＡＩは、航続距離８５０キロを実現しました。ＥＶとの比較で特に優位なのは、燃料充填にかかる時間が短いことです。

ただ、当然ながら問題もあります。インフラ（水素ステーション）が整っていないことと価格がきわめて高いことです。将来、燃料電池車の価格が下がって普及が進めば、インフラは自然に整ってくるでしょう。既存のガソリンステーションに設備投資をして、水素も扱えるようにする案が有力です。

問題は価格です。燃料電池システムを製造するのに高度な技術が必要で、現時点で高いコストがかかります。トヨタが発表した新型ＭＩＲＡＩは、14年12月に発売した初代と比べて大幅なコストダウンを実現しています。それでも価格は、７１０万円からとまだ高すぎます。

今後、トヨタがどれだけコストダウンを実現できるかに、水素自動車の未来がかかっています。製造業として世界のトップに立つトヨタならば、近い将来、大幅なコストダウンを実現していくのではないかと予想します。

トヨタが最初にハイブリッド車を試作したとき、「低燃費のコンセプトはよいが、製造コストが高すぎて一般に普及させるのはむずかしい」と言われました。ところが、トヨタはお家芸のコストダウン努力を続け、ハイブリッド車を大衆車として普及させることに成功しました。

今は「燃料電池車」は、次世代自動車の本命と考えられていませんが、トヨタが大幅なコストカットを実現すれば、EVを凌駕する可能性もあります。自然エネルギーを使った発電から、グリーン水素を作り、自動車を水素で動かす世の中がくる可能性もあります。

そうなることが、自動車を中心として製造業が強い日本株の価値が、世界で見直されるきっかけとなるでしょう。21年は、水素エネルギーを活用する技術革新が世界でどれだけ進展するか、注目していきたいと思います。

水素関連株にスポットライト

21年は、水素エネルギーが第四次産業革命（ITによる技術革新）とともに、株式市場で注目される重要テーマになるでしょう。水素のテーマに乗る株を買えば儲かりそうに思うかもしれませんが、それがそう簡単ではありません。

水素エネルギーはつき合うのがとても難しいテーマです。なぜならば、今はまだ先行投資期であり、将来のためにたくさんの企業が赤字でも歯をくいしばって、水素事業に投資しているところです。利益を稼ぐビジネスになるのに、まだ5年、10年かかるかもしれません。あるいはもっと長くかかるかもしれません。

もし、水素事業しか手掛けていない上場企業があれば、恐らく赤字です。人類にとって重要な成長テーマにかかわる企業だからといって、赤字企業に投資するのは勇気がいります。

参考までに、私が作った成長企業の株価変動イメージ図をご覧ください。

次ページのグラフでは、ベンチャー成長株の株価変動イメージを、３つの時期に分けて描きました。

① 黎明期：成長期待があるが、利益が出ない（赤字）時期
② 急成長期：利益が大きく成長する時期
③ 成熟期：最高益更新が続くものの、増益率が大幅に鈍化する時期

このグラフは、成長株の成功事例をイメージして描きました。黎明期から成熟期まで長く持っていれば、高いリターンが得られます。ただし、それでも、投資タイミングが悪いと、短期的に大きな損失をこうむることがあります。それが、グラフで矢印をつけたところです。短期的に株が急騰した直後に買って運が悪いと、黎明期の矢印で買ってすぐに急落の憂き目にあいます。

小型成長企業の株価変動パターン（イメージ図）

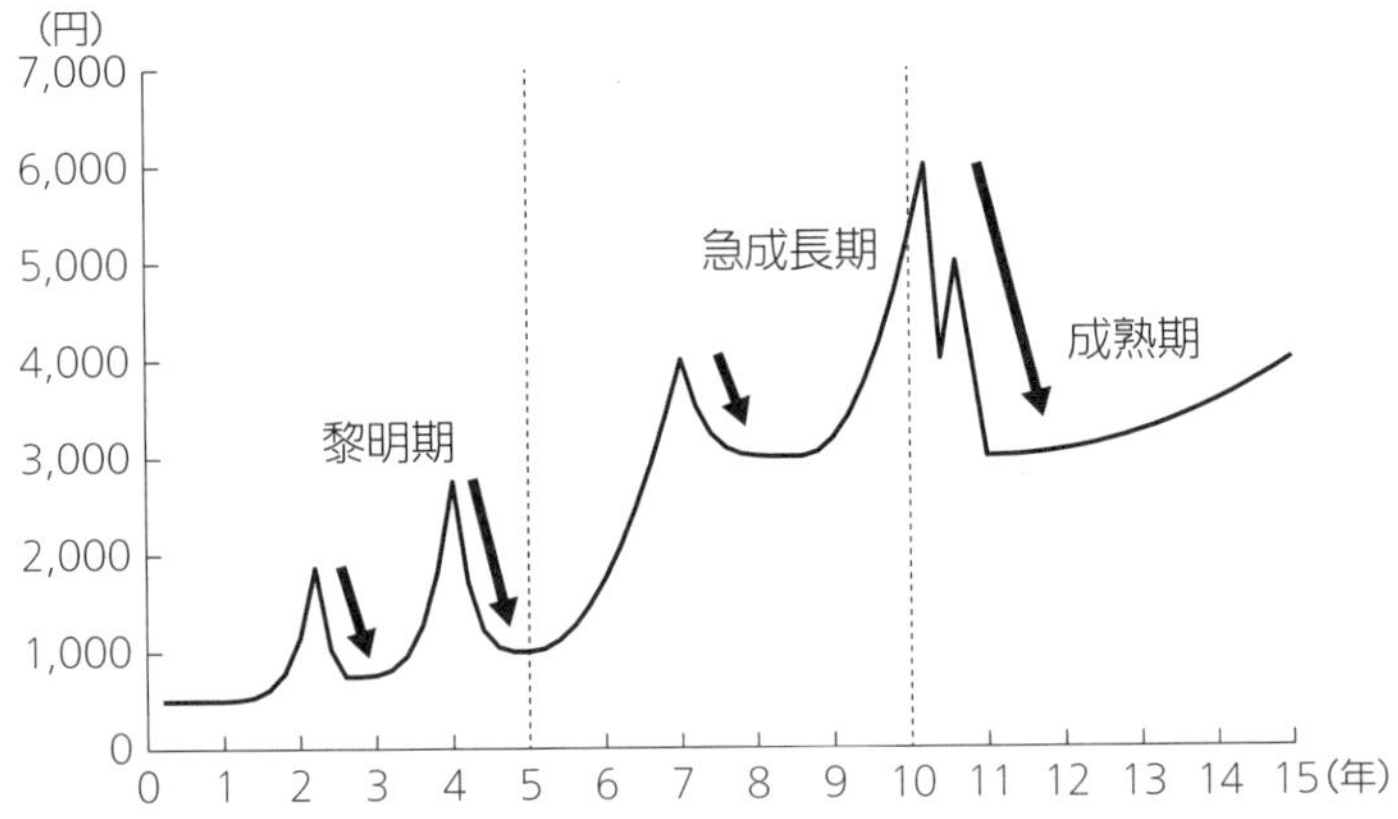

黎明期	急成長期	成熟期（安定成長期）
利益はほとんど出ないが将来の大きな夢がある 成長株だから長期投資と考えると痛い目にあう。短期投資と割り切って投資することが必要。盛り上がっている時に高値で買うのは禁物。利益になるのが5〜10年後であってもしっかりした技術を持っている企業を選別。人気がなくなって下がり切ったところで買う、あるいは、底値圏で急に人気が出てきた時に買う。大きく上昇したら、さっさと売る。	**実際に売上高・利益が大きく成長する** 株価は乱高下する。長期投資もありだが、最高益更新が続いていても、増益率が鈍化する時に、急落することがあるので、そこでは一旦売ることが必要。	**最高益更新続くが、増益率は鈍化** 成長率は低いものの最高益の更新が続いている。成長株の割には株価がPERで見て割安ならば、長期投資対象として有望。安定成長が評価されて株価が大きく上昇するようなことがあれば、一旦売ったほうがいい。

（出所）筆者作成。

今、水素事業は黎明期です。たびたび株価が熱狂的に買い上げられますが、熱気が冷めると、赤字事業なので株価は暴落します。それを何回も繰り返します。

このパターンは、バイオやＩＴ関連株でもよく見られます。赤字のまま上場している東証マザーズの成長株によく見られるパターンです。「大きな夢があって熱狂的に買われる、熱気が冷めて暴落する」を繰り返す可能性があります。

ここでは、黎明期（赤字）を５年としていますが、水素ビジネスはもっと長いかもしれません。たとえば、トヨタ自動車の燃料電池車「ＭＩＲＡＩ」は、ＥＶとともに、将来、世界中のガソリン車を代替するかもしれない、重要な戦略車です。それでも、ＭＩＲＡＩが黒字化するのには、まだ10年以上かかるかもしれません。

水素関連株とのつき合い方

利益が出るのは遠い将来でも、大きな夢がある「水素関連株」とどうつきあったらよいのでしょうか？　２つの方法をお勧めします。

①短期ディーリング

水素エネルギーで株式市場が熱狂する瞬間、短期ディーリングで買い、株価が勢いよく上昇している間は保有するが、上昇の勢いが落ちてきたら、すぐ売り抜けます。

赤字企業、あるいは利益がほとんど出ていない企業をあまり長く持っていると、熱気が冷めた時に暴落してしまうかもしれません。もし、運悪く、買ったとたんに暴落したら、問答無用で損切りします。

これは、私がファンドマネージャー時代に、上昇中のテーマ株に飛び乗る時にとっていた投資方法です。

② 水素以外の事業でしっかり利益が出ている株に長期投資

水素事業では利益が出ていなくても、水素以外の事業でしっかり利益を出していれば、理想的です。「夢はあるが利益がない」水素事業と、「夢はないが利益が出る」事業がうまく組み合わさった会社が理想的です。たとえばトヨタ自動車。ガソリン車で大きな利益を稼いでいます。燃料電池車ＭＩＲＡＩで利益が出なくても、気になりません。

トヨタのように本業が好調な企業はよいですが、困ったことに水素エネルギー関連株には、水素事業で利益が出ない上に、それ以外の事業も苦戦している企業が多いのが実態です。

たとえば、川崎重工業です。水素を作る・運ぶ・貯める・使う、あらゆる側面で重要な貢献をしています。水素エネルギー関連株でくくれば、川崎重工業は本命の1社です。圧縮水素を流通させる技術を持ち、水素運搬船・水素運搬車・水素貯蔵タンクを手掛けています。

オーストラリアに豊富に存在する褐炭（低品質の石炭）から取り出した水素を、日本に持ち込む事業にも関与しています。水素発電の技術開発も行っています。

ただし、私は今、川崎重工業に長期投資をしたいとは思いません。本業の収益が構造的に不振だからです。同社は鉄道車両・航空機・船舶・二輪・ガスタービン・油圧機器・産業用ロボットなど、人類にとって重要な技術を幅広く持ち、人類にとってとても大切な仕事をしている会社だと思います。しかし、いずれも構造的に収益が悪化してきていることが気がかりです。

ご参考までに、次ページの表に水素関連株を挙げました。

最初からグリーン水素を活用するのはむずかしいので、当初は、化石燃料由来の水素を活用した水素エネルギーの循環システムを作る企業が中心となります。この中には、必ずしも水素エネルギー関連株とは言えない企業も入ります。たとえば、水素化技術で高い技術と実績を持つ新日本理化です。

同社は「水素関連株」ですが、水素エネルギーに関連する事業はあまりやっていません。ところが、面白いことに株式市場で水素エネルギーがテーマになると新日本理化にも物色が及びます。流動性が低く、値動きが軽い上に、比較的株価バリュエーションが低いので、こういう銘柄が短期的に物色される可能性もあります。

前段で説明した通り、水素関連銘柄への投資には注意が必要です。水素ビジネスには、将

主な水素関連企業

コード	銘柄名	株価4月30日	水素関連事業
7203	トヨタ自動車	8,127円	燃料電池車 MIRAI
5020	ENEOS HD	471.2円	水素ステーション
4406	新日本理化	276円	水素化技術
6331	三菱化工機	2,679円	水素製造装置
6369	トーヨーカネツ	2,505円	水素タンク
8088	岩谷産業	6,850円	水素供給網

（出所）筆者作成。

来大きな夢がありますが、現時点で利益を生むビジネスではないからです。水素エネルギーがテーマとして注目される局面で株価が上昇するかもしれませんが、テーマへの熱気が冷めると株価が再び下がるでしょう。

もし、短期投資ではなく、長期投資を考えるならば、当面は水素ビジネスに注目しつつも、水素以外のビジネスでしっかり利益をあげていく銘柄を選ぶべきです。先に挙げた銘柄でいうと、トヨタ自動車、ＥＮＥＯＳＨＤが有望です。

第5章

利回り5%、高配当株ファンドを自分で作る「ダウの犬」投資戦略

配当利回りは確定利回りではない

ここから本書の本題である、利回り5%を稼ぐ高配当利回りファンドの組み方を解説します。

まず、高配当利回り銘柄を選別する際に注意すべきことを述べます。株の配当利回りは、確定利回りではありません。業績が悪化して減配（1株当たり配当金の減額）になれば、利回りは低下します。株価が大きく下がる可能性もあります。銘柄選択にあたっては、単に予想配当利回りが高い銘柄を選ぶのではなく、長期的に保有して減配になりにくい銘柄を選ぶことが大切です。

すべての上場銘柄から予想配当利回りが高い銘柄を抽出すると、上位には予想配当利回り7％を超える銘柄が出てきます。一見魅力的ですが、ここは注意が必要です。予想配当利回りが高すぎる銘柄には、減配リスクの高いものが含まれているからです。「将来、減配になる」と思う投資家が多いため、見かけ上の配当利回りが高くても投資しようとする人は少なく、株価の低迷が続いてきたと考えられます。

安定的に高配当が期待できるのに、誤解によって嫌われて株価が低迷している銘柄もあります。こうした銘柄を見つけて投資すべきです。「減配リスクの高い」高配当利回り株を避け、「減配リスクの低い」高配当利回り株に絞って投資することが大切です。

それでは、減配リスクの低い銘柄の見分け方について解説する前に、1つクイズを出しますので、解いてみてください。

クイズ 高配当利回り株、買うならどっち？

高配当利回り株4銘柄から構成される以下のαグループ・βグループ、いずれかに投資するとして、どちらを選ぶべきでしょう？

どちらも4銘柄を100株ずつ買うのに120万円必要とします。NISA口座（非課税口座）の枠が120万円余っているので、NISAで投資して長期保有することを考えているとしてください。

〔αグループ〕

会社名	業種	予想配当利回り	自己資本比率	時価総額
A社	外食	7.28%	10.61%	120億円
B社	百貨店	5.32%	35.82%	980億円
C社	繊維	5.07%	48.19%	540億円
D社	金属製品	4.65%	25.04%	280億円

〔βグループ〕

会社名	業種	予想配当利回り	自己資本比率	時価総額
E社	医薬品	4.61%	75.08%	6.2兆円
F社	食料品	4.46%	54.58%	3.4兆円
G社	情報通信	4.28%	65.68%	4.2兆円
H社	情報通信	3.95%	53.69%	1.1兆円

（出所）筆者作成。

αグループ：予想配当利回り4・5%以上の銘柄から、4銘柄を選びました。

βグループ：①時価総額1兆円以上、②自己資本比率50%以上、③予想配当利回り3・8%以上の3条件を満たす銘柄から選びました。

それでは、クイズの答えを申し上げます。高配当利回り株として長期投資するならばβグループのほうがよいと思います。

解説

・αグループの見かけ上の高い利回りにだまされてはダメ

αグループには予想配当利回りの高い銘柄が多く、一見魅力的ですが、この利回りをそのまま信じることはできません。ここには、業績が悪化して将来、配当金が減る可能性の高い銘柄が含まれています。

まず、業種を見てください。外食・百貨店はコロナ禍のダメージが大きい上に、コロナが去っても回復は鈍いと考えられます。繊維・金属製品も、成長性が期待できない企業が多いと考えられます。

次に自己資本比率をご覧ください。全般的に低く、財務内容良好とはいえません。特に心配なのは外食A社です。自己資本比率が10・61％しかありません。借金過多で財務的に厳しくなってきている可能性があります。A社の見かけ上の配当利回りは7・28％と高いですが、早晩、減配があると考えたほうがよいと思います。

最後に時価総額をご覧ください。A社は120億円しかありません。経営危機に陥るリスクがあって株価が下がり、時価総額が小さくなっている可能性もあります。B・C・D社とも時価総額はいずれも1000億円に満たず、企業規模が大きくないので配当の安定性が足りません。

・βグループは高配当株ポートフォリオとして有望

βグループは長期投資をしていくのにふさわしい銘柄が揃っています。業種は、医薬品・食料品・情報通信で、景気循環の影響を受けにくく、安定高収益が期待できる銘柄が多くあります。自己資本比率50％以上と財務に問題なく、時価総額も１兆円以上と大きく、配当の安定性は相対的に高いと期待できます。

このクイズを作成した狙いは、見かけ上の配当利回りの高さだけで銘柄選択してはダメということを説明するためです。最悪なのは、高配当利回りランキングのトップに出てくる銘柄に、機械的に投資することです。そのような銘柄選択をすると、減配になって株価の下がる銘柄をつかむリスクがきわめて高くなります。

したがって、投資すべきはβグループです。減配になりにくい特徴を備えたβグループに投資したほうがよいと思います。

減配リスクの低い高配当株を選ぶ４条件

このクイズである程度わかったと思いますが、「減配になりにくい」銘柄を選ぶための４条件は、以下の通りです。

①　規　模：売上高や時価総額が大きい。
②　業　種：不況に強い業種に属する。
③　財　務：借金が少ない。
④　収益力：経常利益率が高い。

4条件すべてを満たす必要はありませんし、4条件すべてを満たす銘柄はめったにありません。このうちの1つか2つ満たすだけで十分です。

4条件の中で一番重要なのは①です。最上位の条件①だけ満たすものでもOKです。たとえば「時価総額1兆円以上で予想配当利回りの高い銘柄」を選ぶだけでも、長期投資の候補としてかなりよいものが集まります。

「不況の影響を受けにくい業種から選ぶ」が条件②です。情報通信・医薬品・食料品などです。ただし、条件②については、今はあまり考えなくてもいいかと思います。現在はコロナショックで、景気敏感株が売り込まれた後だからです。私はこれから景気回復が徐々に鮮明になっていくと予想していますので、景気敏感株の高配当利回り株も面白いと思います。

③④は財務内容と収益力です。できれば、財務良好で利益率の高い銘柄がよいに越したことはありません。ただし、時価総額が大きく、しっかりキャッシュを稼ぐビジネスモデルがあれば、それだけで十分とも言えます。

一番重視すべきは時価総額が大きいことです。時価総額の大きい銘柄には、財務や収益力に大きな問題のある銘柄はほとんどないからです。

それでは、以下具体的に高配当利回り株を選んで、ポートフォリオを組む方法を解説します。米国で一時有名になった「ダウの犬」戦略を使います。

「ダウの犬」戦略とは

「ダウの犬」戦略は、米国で有名になったことのある投資手法です。投資方法はきわめてシンプルです。

①　NYダウ採用銘柄（30銘柄）を配当利回りの高い順に並べ、上位10銘柄を選びます。その10銘柄に等金額投資します。

②　1年後に、もう一度NYダウ採用の配当利回り上位10社をスクリーニングします。1年前に投資した銘柄で、上位10社から外れた銘柄を売却し、代わりに新規に上位10社に入った銘柄を買います。

③　1年ごとに、この方法でリバランス（銘柄入れ替え）を続けます。

これだけです。このシンプルな投資方法で、NYダウを上回るパフォーマンスを挙げられ

TOPIX採用時価総額上位70社のうち、配当利回り上位10社
（2021年4月30日時点）

No	コード	銘柄名	業種	配当利回り	株価：円 4月30日	1株当たり 配当金：円
1	2914	日本たばこ産業	食料品	6.6%	2,044.0	136
2	9434	ソフトバンク	通信	6.2%	1,409.5	87
3	8316	三井住友FG	銀行	5.2%	3,802.0	198
4	4502	武田薬品工業	医薬品	5.0%	3,635.0	180
5	8411	みずほFG	銀行	4.9%	1,535.0	76
6	8053	住友商事	商社	4.7%	1,488.0	70
7	8306	三菱UFJ FG	銀行	4.7%	578.0	27
8	8766	東京海上HD	保険	4.5%	5,230.0	233
9	8591	オリックス	金融	4.5%	1,757.5	78
10	8058	三菱商事	商社	4.4%	3,020.0	134

（注）配当利回りは、1株当たり年間配当金（QUICKコンセンサス予想）を4月30日株価で割って算出。住友商事・三菱UFJ・三菱商事は会社予想。日本たばこ産業は21年12月期予想、その他銘柄は22年3月期予想。

ることが多かったので、この戦略は有名になりました。ちなみに英語の犬（Dogs）には「価値のないもの」「負け犬」という意味があります。

この方法は、先ほど解説した「時価総額が大きい銘柄から予想配当利回りの高い銘柄を選ぶだけ」でよい銘柄が選べるという考えに通じるものです。ダウの犬は、まさにそれを米国株で実践したものと言えます。

「ダウの犬」を日本株に応用

「ダウの犬」は、日本株にも応用可能です。NYダウ採用銘柄の代わりに、東証株価指数（TOPIX）

TOPIX時価総額上位70銘柄から作った「ダウの犬」ポートフォリオ（平均配当利回り5.1%）

銘柄名	業種	配当利回り	株価	投資株数	投資金額	投資比率
日本たばこ産業	食料品	6.6%	2,044.0	200	408,800	14.0%
ソフトバンク	通信	6.2%	1,409.5	200	281,900	9.7%
三井住友FG	銀行	5.2%	3,802.0	100	380,200	13.1%
武田薬品工業	医薬品	5.0%	3,635.0	100	363,500	12.5%
みずほFG	銀行	4.9%	1,535.0	100	153,500	5.3%
住友商事	商社	4.7%	1,488.0	100	148,800	5.1%
三菱UFJFG	銀行	4.7%	578.0	300	173,400	6.0%
東京海上HD	保険	4.5%	5,230.0	100	523,000	18.0%
オリックス	金融	4.5%	1,757.5	100	175,750	6.0%
三菱商事	商社	4.4%	3,020.0	100	302,000	10.4%
合　計		5.1%			2,910,850	100.0%

（出所）筆者作成。

(注)採用銘柄の時価総額上位70社を使います。70社を予想配当利回りの高い順に並べてその上位10社を選び、「ダウの犬」ポートフォリオを作ります。

(注)東証株価指数（TOPIX）：東証一部上場全銘柄を対象として、その時価総額合計（浮動株ベース）から算出している株価指数。1968年1月4日の時価総額を100として指数化している。

21年4月30日時点では、前ページの10銘柄がそれに該当します。

実際にポートフォリオを作ってみる

それでは、これらの銘柄を使って、実際にポートフォリオを組ん

113万円で買えるように銘柄を絞った「ダウの犬」ポートフォリオ
（平均配当利回り5.2%）

銘柄名	業種	配当利回り	株価	投資株数	投資金額	投資比率
日本たばこ産業	食料品	6.6%	2,044.0	100	204,400	18.1%
ソフトバンク	通信	6.2%	1,409.5	100	140,950	12.5%
武田薬品工業	医薬品	5.0%	3,635.0	100	363,500	32.3%
三菱UFJFG	銀行	4.7%	578.0	200	115,600	10.3%
三菱商事	商社	4.4%	3,020.0	100	302,000	26.8%
合　計		5.2%			1,126,450	100.0%

（出所）筆者作成。

でみましょう。10銘柄になるべく等しい金額ずつ投資することが求められます。

完全に同じ金額にすることはできませんので、業種バランスも考えながら、等金額に近くなるように作ったのが、前ページのポートフォリオです。全体の金額は約300万円です。このポートフォリオの予想配当利回りは5・1%です。

NISAで買える、配当利回り5・2%の113万円ポートフォリオ

次に、非課税で投資できるNISA口座（年間の投資枠は120万円）で投資できるように銘柄を絞って作ったのが、以下のポートフォリオです。このポートフォリオの平均配当利回りは5・2%です。

これはあくまでも1つの例に過ぎません。投資金額や期間を考えて、他にもさまざまな投資の組み合わせが可能です。

投資信託の中から「高配当利回りファンド」を選んで買うのもよいですが、まとまったお金があるならば、自分で個別銘柄を買うのもいいですし、NISA口座でこのポートフォリオに投資して非課税の有効期間（5年）保有するのもお勧めです。

すべての卵を1つのバスケットに入れるな

欧米で有名な投資格言に、「すべての卵を1つのバスケットに入れるな（Don't Put All Your Eggs in One Basket）」があります。1つのバスケットにすべての卵を入れて運ぶと、バスケットを落とした時に、卵が全部割れてしまいます。そうならないように、卵はいくつかのバスケットに分散して入れるべきだという意味です。

ひるがえって、証券投資でも1つの銘柄に集中投資しないで、たくさんの銘柄に分散投資しましょうということです。

この話は、ダウの犬ポートフォリオを作る場合にも当てはまります。投資に使える金額の範囲で、なるべくたくさんの銘柄に分散投資するべきです。

ただし、せっかくたくさんの銘柄に分散投資しても、全部同じ業種では分散投資の効果があまり出ません。商社ばかり、銀行ばかりに投資するのではなく、商社・銀行を含む、なるべくたくさんの業種に分散投資してください。

第6章

三菱ＵＦＪは逆バブルの代表

本章では、私が「逆バブル株」の代表と考えている三菱ＵＦＪＦＧ（以下、三菱ＵＦＪ）について、詳しく解説します。同社の株がなぜ、解散価値を無視してそこまで売られたか、なぜ投資価値が高いと考えるか、じっくり解説します。

同時に、三井住友ＦＧ（以下、三井住友）、みずほＦＧ（以下、みずほ）の株価も分析します。三菱ＵＦＪと合わせ、３メガ銀行グループについての投資判断を述べます。

３メガ銀行の投資判断

最初に告知事項があります。筆者は、１９８４年に住友銀行（現三井住友銀行）に入行して勤務した経験がありますが、既に退職しています。筆者は21年4月30日時点で三井住友株を6000株保有しています。本書にて三井住友株について筆者の投資判断を記載しますが、最終的な投資判断はご自身でなさっていただきますようお願いします。

それでは、最初に3メガ銀行グループの投資判断を述べます。

① 3メガ銀行グループとも投資判断は「買い」
② 投資魅力の高い順に、三菱UFJ、三井住友、みずほと判断
③ 3メガ銀行以外の銀行株は、投資すべきでないと判断

私は、3メガ銀行（三菱UFJ、三井住友、みずほ）すべて、高配当利回り株として投資価値が高いと判断しています。中でも一番投資魅力が高いのが三菱UFJで、次が三井住友です。この2社と比べると、収益力で見劣りしますが、みずほも投資していく価値があると考えています。この章では三菱UFJを中心に解説します。

3メガ銀行以外の銀行株には投資すべきではないと考えています。特に地方銀行は今のままでは将来、大半が本業で赤字に陥る懸念があり、投資は避けたほうがよいと思います。

三菱UFJの驚くほど低い株価指標

まず、最初に見ていただきたいのは、三菱UFJの株価指標です。驚くほど低い評価で

3メガ銀行の株価指標（2021年4月30日時点）

コード	銘柄名	株価：円	配当利回り	PER：倍	PBR：倍
8306	三菱UFJ FG	578.0	4.7%	8.7	0.44
8316	三井住友 FG	3,802.0	5.3%	8.7	0.43
8411	みずほFG	1,535.0	4.9%	7.6	0.42

（注）配当利回りは、22年3月期1株当たり配当金（会社予想）を4月30日株価で割って算出。PERは同株価を22年3月期1株当たり利益（会社予想）で割って算出。

す。三井住友もみずほも株式市場できわめて低い評価になっています。

３メガ銀行の配当利回りは４・７－５・３％と高く、高配当利回り株として長期投資していく魅力が高いと判断します。

ＰＢＲは０・４－０・５倍と、解散価値と言われるＰＢＲ１倍を大きく下回っています。これは、日本が金融危機の最中だった１９９８－２００２年の大手銀行より低い評価です。当時よりも不良債権比率が大幅に低下し、財務内容が格段に改善したことを考えれば、きわめて低い評価です。

３メガ銀行とも、保有する有価証券（日本株・外国債券など）に巨額の含み益があります。コロナショックの下でも、世界的な株価上昇により、含み益は大幅に増加しました。３メガ銀行は今後、毎年少しずつ株式保有を減らしていく計画です。政策保有株の売却を進める際、毎年多額の売却益が出る見込みです。

これだけ強固な財務を維持していることを考えると、ＰＢＲで０・４－０・５倍の評価は低すぎます。将来、株価が見直されて上昇する余地が大きいと思います。

保有有価証券の含み益（2021年3月末時点）

	2021年3月末	2020年3月末比 増減額
三菱UFJ FG	3兆7,499億円	+8,612億円
三井住友FG	2兆9,318億円	+1兆393億円
みずほFG	1兆5,707億円	+3,944億円

（出所）各社決算資料より楽天証券経済研究所作成。

それでは、3メガ銀行はなぜ売られてきたのでしょうか。以下3つの誤解があります。

1　長期金利がゼロだと、銀行は収益が出せなくなる
2　フィンテック（金融新技術）普及で、旧来型銀行は生き残れなくなる
3　メガ銀行で大規模リストラが始まる

後段で、1つひとつ解説しますが、その前に、1つ確認したいことがあります。読者の皆さんは、PER（株価収益率）やPBR（株価純資産倍率）の意味や見方はわかりますか。

よくわからない方のために、まずそこから解説します。PERについては、第3章、「なぜPERで判断するのか」で説明していますのでご覧ください。ここではPBRの見方を解説します。

PBRは自己資本と比べた割安の程度を測る指標

PBR（株価純資産倍率）とは、株価が純資産（自己資本）と比較して、どの程度割安で

あるかを測る指標です。

まず、次ページの図をご覧ください。1億円出資して1億円借金し、合わせて2億円の資産を持って、ビジネスを始める企業を例にとっています。その企業のバランスシートのイメージ図です。

設立直後ですが、いきなり株式市場に上場できるとします。さて、株式時価総額はいくらになるでしょうか。普通に考えると、1億円になります。まだ何もしていない企業ですから、株式時価総額は純資産価値と同額の1億円となると考えられます。

この状態がPBR1倍です。株式時価総額÷純資産＝1で計算します。

次に、PBR3倍、PBR0・7倍の意味を説明します。

純資産1億円でも、将来、利益をどんどん稼ぐ期待が高ければ、株式時価総額は3億円になることもあります。この状態がPBR3倍です。一方、将来、赤字が続くと考えられる株は、株式時価総額は1億円を割り込み、7000万円となることもあり得ます。その状態がPBR0・7倍です。

PRB1倍とは

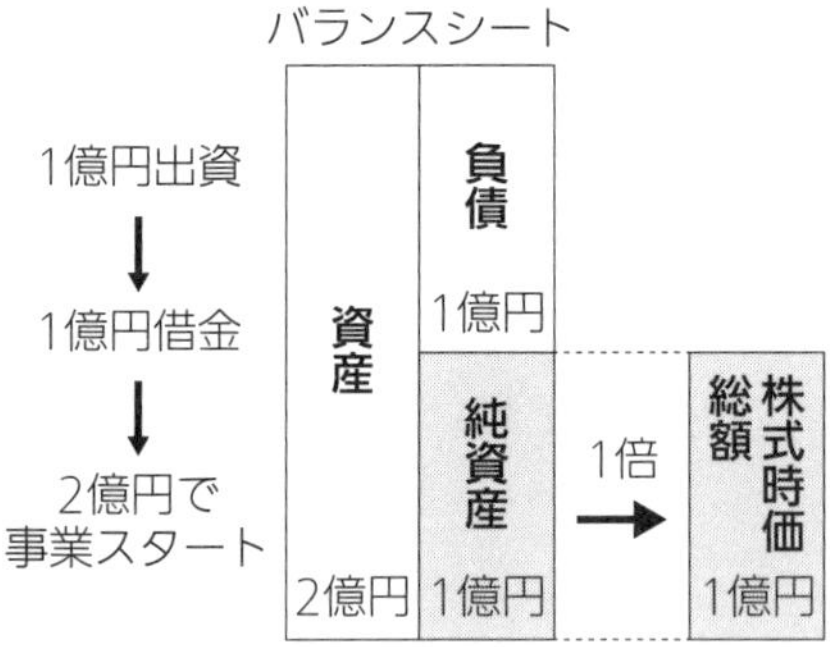

PRB3倍・PBR0.7倍の意味

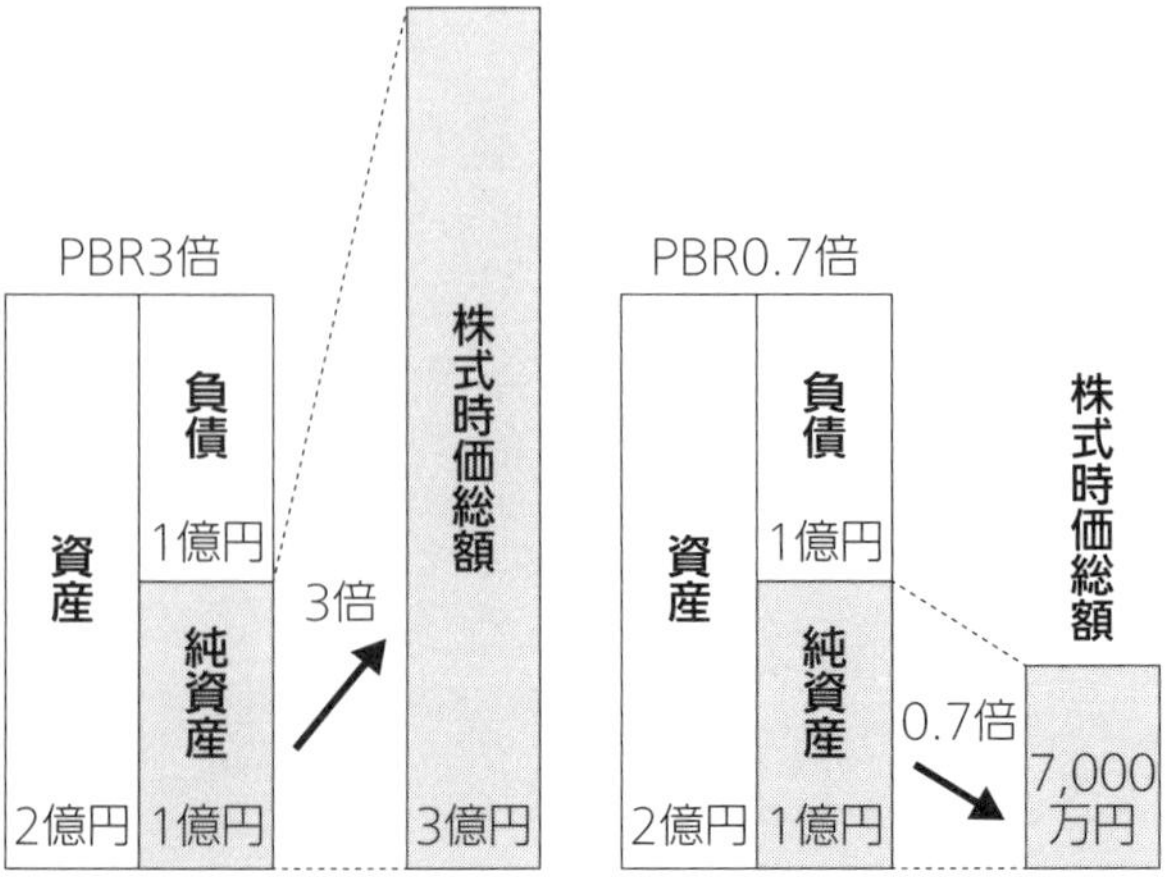

（出所）筆者作成。

日経平均と3メガ銀行株の値動き比較（2007年1月-2021年4月）

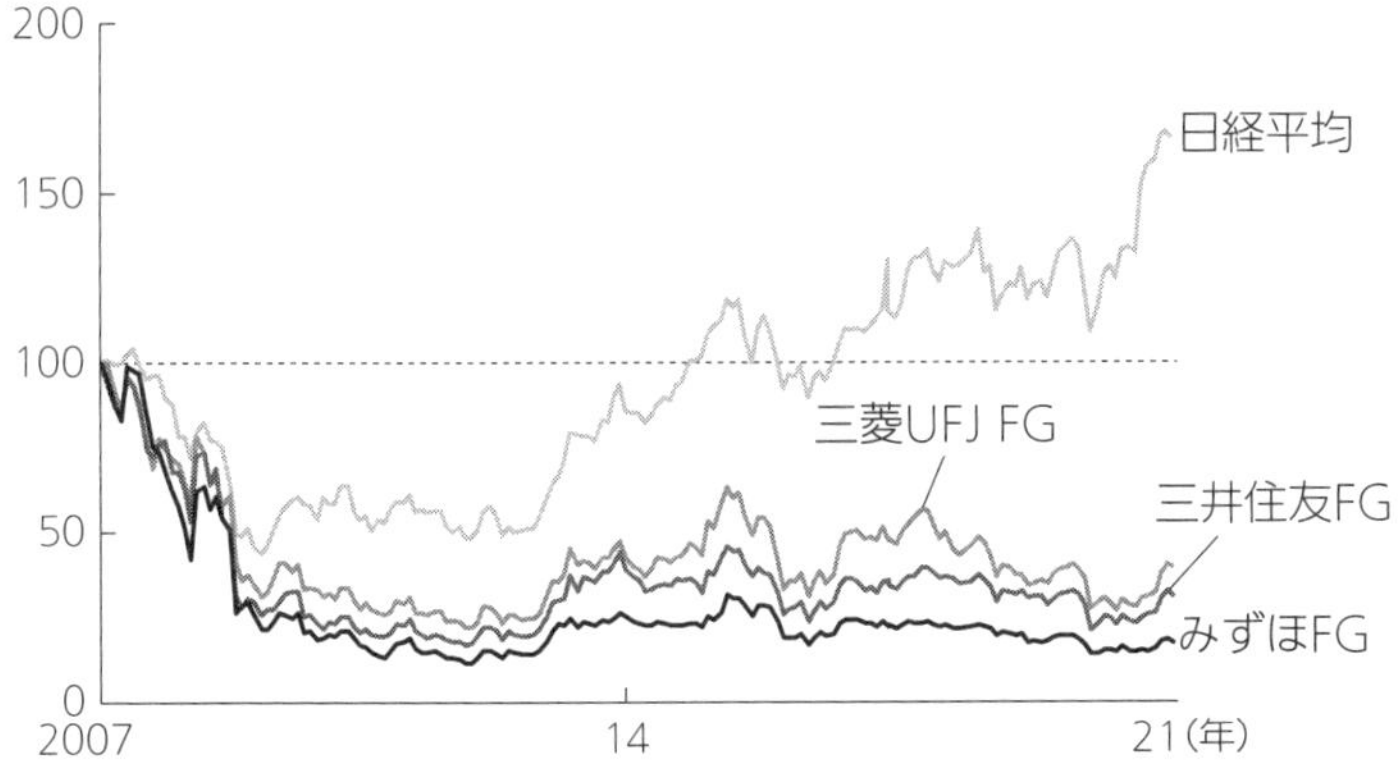

（注）07年1月末の株価を100として指数化。
（出所）QUICK

株価低迷の原因：金利ゼロで収益が無くなるという誤解

三菱ＵＦＪを始めとした３メガ銀行株はなぜ、このように「逆バブル」評価となってしまったのでしょうか？

最大の理由は、金利低下です。業績が堅調であったのにもかかわらず、日米で長期金利が低下する都度、株価は売られてきました。長期金利がゼロになると銀行の収益が無くなるという誤解が背景にあります。

まず、３メガ銀行の株価がどう推移してきたかご覧ください。リーマンショックの前年からの動きを見てみましょう。

日本の３メガ銀行株は上のチャートでわかる通り、08年以降、金利低下とともに売られてきました。日経平均を大幅に下回るパフォ

日米の長期金利（10年国債利回り）推移（2007年1月-2021年4月）

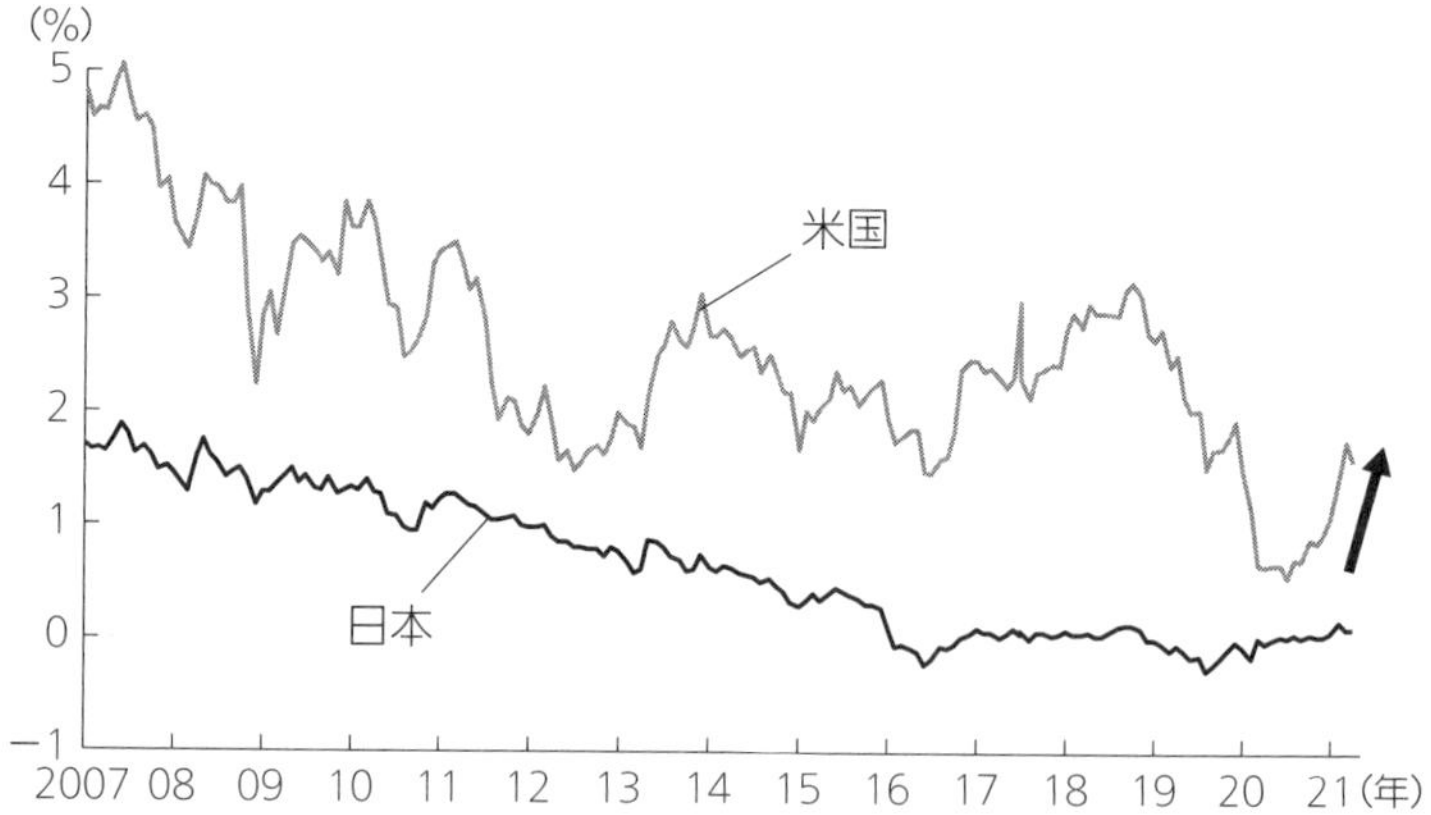

（出所）QUICK

ーマンスとなっています。

株式市場で「金利低下→銀行（金融業）の収益悪化」というイメージが定着しているので、金利が低下する都度、世界中で銀行株を始めとして金融株が売り込まれました。

日経平均が一時3万円を超え、「日本株はもう高くなりすぎているのではないか」という感覚をお持ちの方がいるかもしれませんが、少なくとも3メガ銀行株について「株価が上がりすぎ」は、まったく当てはまりません。

足元では、ドルの長期金利が反発するにつれて、世界的に金融株が上昇する中、日本の3メガ銀行株も上昇しています。株式市場で、3メガ銀行の安すぎる株価の見直しが始まったと思います。

3メガ銀行の連結純利益（2014年3月期実績-2022年3月期〔会社予想〕）

（単位：億円）

銘柄名	三菱UFJ FG	三井住友FG	みずほFG
2014年3月期	9,848	【最高益】8,353	【最高益】6,884
2015年3月期	【最高益】10,337	7,536	6,119
2016年3月期	9,514	6,466	6,709
2017年3月期	9,264	7,065	6,035
2018年3月期	9,896	7,343	5,765
2019年3月期	8,726	7,266	965
2020年3月期	5,281	7,038	4,485
2021年3月期	7,770	5,128	4,710
2022年3月期	【会社目標】8,500	【会社予想】6,000	【会社予想】5,100

（出所）各社決算資料より作成。

金利低下でも高水準の収益を保ってきた3メガ銀行

3メガ銀行は、金利低下期でも、安定的に高収益を稼いできました。「金利が下がると銀行の収益が悪化する」というイメージは、3メガ銀行には当てはまりません。

三菱UFJ、三井住友の連結純利益は、19年3月期までは、長期金利がどんどん低下していく中でも安定的に高収益をあげています。みずほは、19年3月期に国内商業銀行部門に帰属するソフトウエアの減損（特別損失）を出したため利益水準が低くなっていますが、本業利益は高水準でした。

つまり、3メガ銀行とも、19年3月期までは安定的に高収益を稼いできました。金

2021年3月期の与信コスト

（単位：億円）

	2021年3月期 与信コスト（前期比）
三菱UFJ FG	5,155（+2,925）
三井住友FG	3,605（+1,899）
みずほFG	2,049（+332）

（出所）各社決算資料より楽天証券経済研究所作成。

利が下がっても3メガ銀行は高収益を稼ぎ続けています。

注目してほしいのは、中国景気が悪化してチャイナショックとも言われた16年3月期です。この時、中国・米国など世界中の景気が悪化し、日本の景気も、景気後退すれすれまで悪化しました。その影響で、日本の企業業績は全般に悪化しました。ところが、前ページの表を見ていただくとわかる通り、3メガ銀行はこの時も安定的に高収益をあげています。金利低下でダメージを受けるどころか、景気悪化でも安定的に高収益をあげる力を示したのが、16年3月期でした。

コロナショックのダメージは想定されたほど大きくない

20年3月期と21年3月期は、コロナショックの影響で、与信コスト(注)が膨らむため、純利益の水準が低下しています。

(注)与信コスト：貸付金などの与信が回収できなくなることで発生する損失。債権回収が不可能となったことで確定する「貸倒償却」と、与信先の信用低下に伴って予防的に引き当てる「貸倒引当金」繰り入れなどがある。コロナ禍の影響で今期は、貸倒引当金の繰り入れが大幅に増加。

ただし、これまでの経過では、貸し倒れは当初想定していたよりは少なく済んでいます。外食業・観光業などで破綻が増えていますが、それ以外の産業は経済再開に伴って持ち直しつつあります。

当初、08年のリーマンショック級のダメージがあると想定されていました。リーマンショックでは、世界景気が急激に悪化すると同時に世界的な金融危機が起こり、欧米で大手金融機関の破綻が相次ぎました。

コロナショックでは、世界景気が一時戦後最悪の落ち込みとなりましたが、今のところ金融危機は起こっていません。リーマンショック並みの与信コストが発生することが一時懸念されていましたが、想定より少なく済む見込みです。

長期金利ゼロでも預貸金利ザヤはゼロにならない理由

ここからは、三菱ＵＦＪに絞って解説します。長期金利が低下するたびに三菱ＵＦＪ株が売られてきたのは、先に見た通りです。ところが、実際には、長期金利がゼロになっても同社は、８０００億円～１兆円の純利益を稼ぐ力を示してきました。

コロナショックが起きてから、利益水準は５０００億～７０００億円に低下していますが、それでも赤字になることはなく、高水準の利益をあげています。コロナが収束すれば、再び８０００億円～１兆円の利益を稼ぐ力があると思います。

三菱UFJの預貸金利ザヤ（2021年1-3月）

国内／海外	2021年3月末残高	2021年1-3月 預貸金利ザヤ
国内貸出金	65.9兆円	0.75%
海外貸出金（円換算）	39.3兆円	1.01%

（注）預貸金利ザヤは管理計数、政府等向け貸出を除くベース。
（出所）同社決算資料より作成。

では、なぜ三菱ＵＦＪは長期金利ゼロでも利益を稼げるのでしょうか。銀行の伝統的収益の根幹は、預貸金利ザヤ（預金と貸金の利率の差）です。銀行は、預金で資金を集め、貸金で金利を稼いでいますから、預貸金利ザヤが収益の根幹となります。そこから、貸倒損失や経費を差し引いたものが純利益となります。

まず、事実として見ていただきたいのは、長期金利がゼロになった後の、三菱ＵＦＪの預貸金利ザヤの現状です（上表）。

ご覧いただくとわかる通り、長期金利がゼロでも、預貸金利ザヤはゼロではありません。なぜでしょう。それを理解していただくために、次ページの預貸金利ザヤの構成要素を説明する図を参照してください。

銀行が稼ぐ利ザヤは、信用スプレッドと長短金利スプレッドの２つから構成されます。

①信用スプレッド

メガ銀行は信用力が高いので、低い金利（預金金利）で資金を調達できます。今ならばほぼゼロ％です。一方、一般の企業や個人は、銀行ほど信用力が高くないので、資金を調達する金利（貸付金利）は、銀行の調達金利（預金金利）より高くなります。その差が信用スプレッドです。

信用力が相対的に高い大企業は、かなり低い金利（貸付金利）で資金を借りることができます。したがって、銀行から見ると大企業向け貸金の利ザヤは小さくなります。一方、相対的に信用力が低い中小企業や個人は、貸付金利が高くなります。銀行から見ると、中小企業や個人向け貸金のほうが、利ザヤが大きくなります。

最近、住宅ローンの金利が1％を切るほど低くなっていることを心配する声があります。個人向けのローン金利がそんなに低くなって銀行は収益を得られるのか、という不安です。

競争激化で住宅ローンの収益性が落ちているのは、事実です。ただし、日本の住宅ローンは、大企業貸金並みに貸し倒れが少ないことを考えると、信用力に見合って貸付金利が低下しているとも言えます。個人向け無担保ローン（消費者金融）では、最大18％の貸付金利が今でも得られます。

銀行の預貸金利ザヤの構成要素

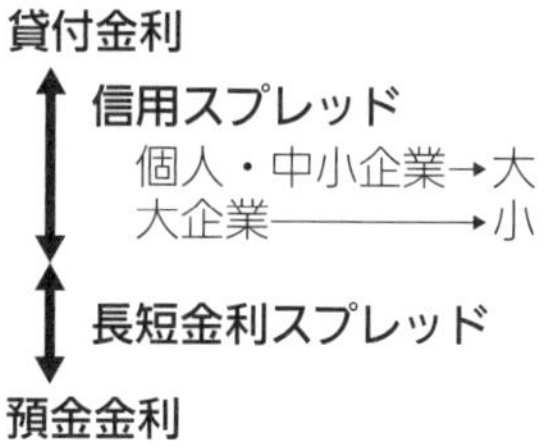

（出所）筆者作成。

② 長短金利スプレッド

銀行が、もし普通預金で集めたお金で10年固定金利住宅ローンを貸し付けたとすると、長短金利スプレッド（10年金利と短期金利の差）も利ザヤの構成要素となります。ただし、現在、長期金利（10年国債利回り）がゼロ近辺まで低下しているため、そのような長短金利スプレッドはゼロです。

銀行の利ザヤの構成要素のうち、長期金利がゼロになると無くなるのは、長短スプレッドだけです。信用スプレッドはそのまま残ります。

メガ銀行は現在、長短金利差で利ザヤを稼ぐビジネスとは縁を切っています。もし、流動性預金で集めた資金で10年固定金利住宅ローンを貸し出すと、金利上昇時に、利ザヤがマイナスとなる（預金金利だけ上昇、貸付金利は長期固定）リスクを負うからです。金利上昇リスクを負わないように、金利スワップを使い、受け取る金利を固定金利から変動金利に変換しています。金利変動リスクを避けて、信用スプレッドだけで稼ぐようにしています。それが、メガ銀行のALM（資産負債マネジメント）戦略の基本となっています。

以上の説明からわかる通り、メガ銀行の利ザヤは長期金利ゼロでも無くなることはありません。それでは、なぜ長期金利がゼロだと銀行の利益が無くなるというイメージがあるのでしょうか？

それは、長期金利ゼロが重大なダメージになる収益構造の銀行が、今もたくさんあるからです。預貸比率が低く（貸金が少なく）、集めた預金で国債を買うことによって得られる利ザヤが収益の中心となっている銀行です。そういう銀行は、10年国債の利回りがゼロになったことによって、利益に大きなダメージを受けています。

地方銀行や中小金融機関に多く見られます。現在、収益の多様化を急速に進めているゆうちょ銀行も、かつては国債運用益が収益の中心で、長期金利の低下で大きなダメージを受けました。

三菱UFJは、そのような旧来型銀行のイメージから、金利低下によって売られてきました。ただし、現実には、国内商業銀行は長期金利ゼロでも収益を稼いでいます。

さらに、以下2つの分野は将来の成長分野になっています。

①海外収益の拡大

三菱UFJは国内よりも利ザヤの大きい海外で貸出金を増やし、海外収益を拡大させてきました。その結果、21年3月期で、事業別営業純益に占める、グローバル事業（GCBとGCIBの合計）の比率は34％に達しています。米国のMUFユニオン銀行、タイのアユタヤ銀行、インドネシアのバンクダナモンを傘下に有するほか、米モルガン・スタンレー証券に投資していて、グローバル展開を加速させています。

②ユニバーサルバンク経営

伝統的な銀行業務のほかに、証券・信託・リース・カード・消費者金融や各種インベストメントバンク業務、投資事業などへの多角化で収益を拡大させています。

デジタル化はむしろ追い風になる

3メガ銀行株が低く評価される理由として、以下3つの誤解があると述べました。

1　長期金利がゼロだと、銀行は収益が出せなくなる
2　フィンテック（金融新技術）普及で、旧来型銀行は生き残れなくなる
3　メガ銀行で大規模リストラが始まる

もっとも大きな影響を及ぼしているのは1ですが、フィンテックの影響も大きいと思います。フィンテックと呼ばれるものはさまざまで、主なものにネットバンキング、キャッシュレス決済、デジタル通貨、その他ネット金融サービスなどがあります。

将来、フィンテックが高度に進化すると、旧来型の銀行店舗網が不要になるイメージから、メガ銀行株は売られてきました。

フィンテック普及に対する不安は、三菱ＵＦＪについては過剰です。銀行店舗の価値低下に合わせ、同社は店舗数を23年度までに（17年度比で）40％削減する計画を持っています。同時に、業務のデジタライゼーションを急速に進めています。フィンテックで収益が悪化するのではなく、フィンテックによってコストカットを進め、収益基盤をより強固にしていく

イメージです。

デジタル通貨についても、三菱ＵＦＪ自身が主体となってデジタル通貨を発行する計画を持っています。私は、三菱ＵＦＪはフィンテックで衰退する銀行ではなく、三菱ＵＦＪ自身が、将来フィンテックの有力プレイヤーになると考えています。

メガ銀行株が売られるきっかけになったもう1つの誤解が、人員削減に関するニュースです。三菱ＵＦＪは、業務におけるデジタル化を急速に進めています。ネットバンクへのシフトを進め、店舗での人的業務の削減が急速に進んでいます。その結果、23年度には17年度対比で、店舗を40％削減します。1万人超の業務量削減にメドがついたと発表しています。

この発表に対し、一部メディアは「メガバンク、1万人リストラ」といったミスリーディングな見出しで報じていました。

正確には、「三菱ＵＦＪは、デジタライゼーション（デジタル技術の利用）の推進によって、23年度までに1万人の業務量を削減できるコストカットにメドをつけた」と報道すべきところでした。実際に従業員数をどれだけ減らすかについて、同社は「23年度までに（17年度比で）８０００名程度の人員減少や採用抑制を見込む」としています。

1万人は定年退職などで減る見込みということです。「早期退職者の募集」のようなリストラを予定しているとは言っていません。

三菱ＵＦＪが、23年度までに1万人分の業務量を削減できるメドが立ったというのは、投資家から見ればポジティブなニュースです。定年退職などで従業員数が減れば、人件費は大幅に減ります。それでも問題なく業務を回していくメドが立ったというのはプラスに評価できます。1万人の業務量を削減して人員が８０００人しか減らなければ、２０００人分の余剰が生まれます。収益性を高めるためのさまざまな事業（海外事業やデジタライゼーション関連）に活用していくことも可能になります。

第7章

今ハゲタカがいたら狙われる「含み資産株」

ハゲタカ去り、買収価値対比で割安な株が増加

この章では、「含み資産株」を取り上げます。今、日本の株式市場には、保有不動産に巨額の含み益があるにもかかわらず、株価が純資産価値と比べてきわめて割安な水準に留まっている銘柄がたくさんあります。

これらは2005年に大活躍したハゲタカファンド（買収ファンド）がいれば、真っ先に狙われそうな「逆バブル株」です。ところが、06年以降ハゲタカファンドは日本からほとんど撤退しました。

ハゲタカが去り、超割安な「含み資産株」に敵対的買収をしかける買い手はなくなりまし

た。純資産価値と比較して割安とわかっていても、注目する投資家がいないため、極端に割安な株価がそのまま放置されるようになりました。

ただし、歴史は繰り返すと言います。含み資産と比較してあまりに極端に安い株が多い日本に、改めて注目する買収ファンドが増えてきています。敵対的ＴＯＢ（株式公開買付）が増える兆しもあります。今のような逆バブル株がたくさんある状況が解消されない限り、いつか来た道、敵対的ＴＯＢが再び活発化する可能性があります。

というわけで、買収ファンドに狙われてもおかしくない株に、少し投資してみてもよいタイミングです。本章ではこうした「含み資産株」にスポットライトを当てます。

参考 なぜ、06年以降、ハゲタカファンドは日本から撤退したか

05年ごろ、割安な含み資産株をハゲタカファンド（買収ファンド）が買い占め、大暴れしたことがあります。巨額の含み益を有するにもかかわらず利益水準が低く、ＰＢＲが実質1倍を大きく割れ、株価が安くなっている企業がターゲットとなりました。一定量の株を買い集めた上で、企業に「含み益のある資産を売却して配当金を大幅に増やすこと」などを強く要求しました。

ただし、短期的な利益を狙い、株主権を濫用するハゲタカファンドには社会的批判が集まりました。敵対的買収への嫌悪感が広がり、06－07年には上場企業に買収防衛策の

導入ブームが起こりました。その結果ハゲタカファンドは去り、敵対的買収ブームは鎮静化しました。

今、株主権を盾に企業に株主還元を強要するハゲタカファンドは少なくなり、代わりに企業と対話しながら、企業価値を高めていくことを目指すファンドが増えています。ハゲタカファンドが去ったのを受け、買収防衛策を解除する企業が増えました。

こうして企業と株主の対話は改善されました。一方、長期投資家も短期投資家も、含み資産を持つだけの割安株には見向きもしなくなりました。

不動産ブームは終了

アベノミクスが始まった13年以降、景気回復と異次元金融緩和の効果で、不動産需給が引き締まりました。20年まで空室率の低下・賃料の上昇が続き、都心部は不動産ブームの様相を呈していました。

ところが、20年にコロナ禍が起こり、不動産ブームは終了しました。20年の緊急事態宣言下では、多くの企業が一時的に業務を停止せざるを得ませんでしたが、その直後からリモートワークやリモート会議が一気に広まりました。多くの企業が大都市のオフィスに従業員を来させないで、業務を回す方法を確立させていきました。

こうした流れはコロナが収束しても変わらないと考えられます。リモートワークのメリッ

都心5区オフィスビルの賃料・空室率平均の推移（2004年1月-2021年3月）

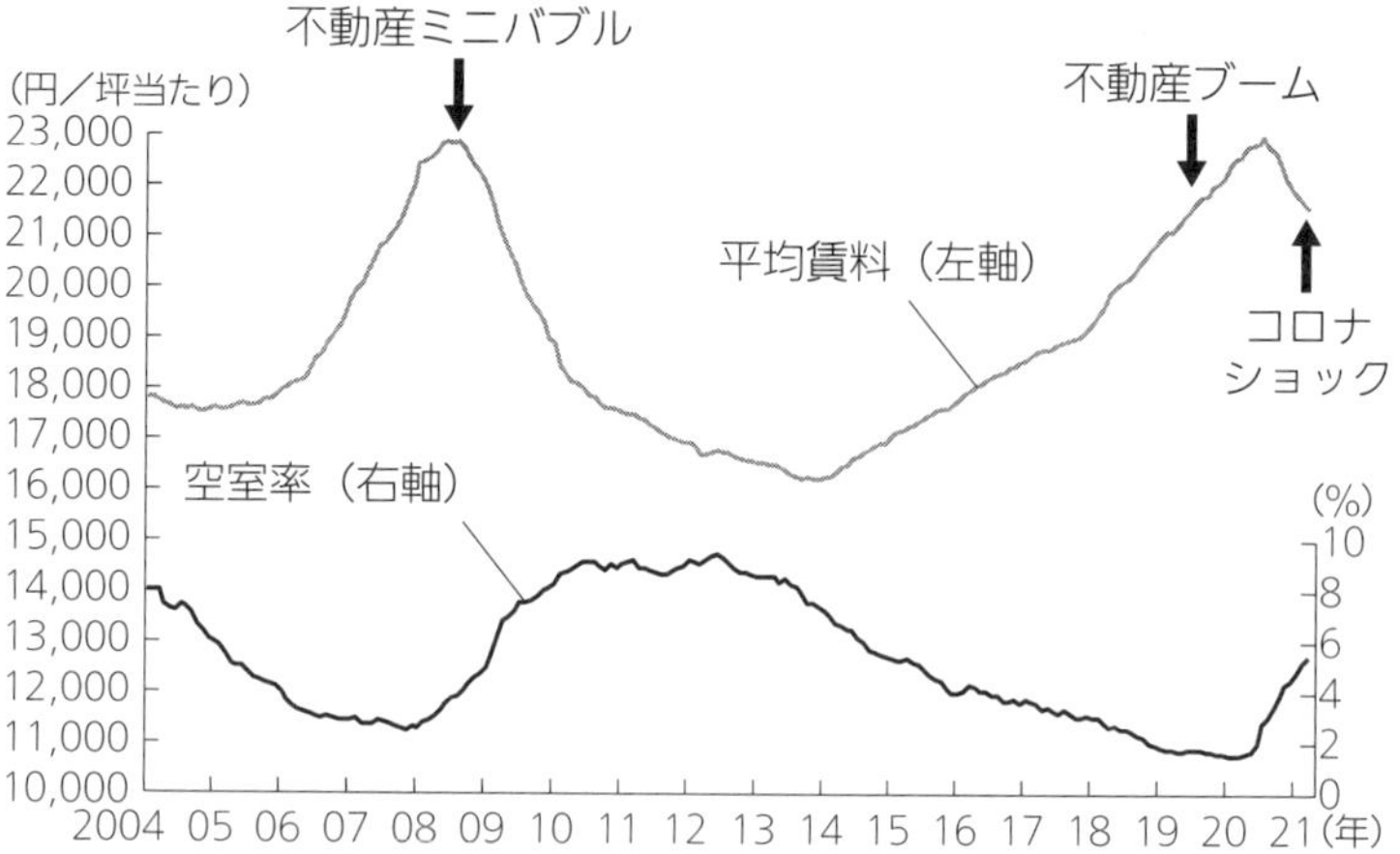

（注）都心5区は東京都千代田区・中央区・港区・新宿区・渋谷区。
（出所）三鬼商事

トが、企業にとっても従業員にとっても大きいことがわかったからです。企業にとっては、オフィスコスト削減の効果があります。会社に来る社員数が恒常的に減ることが見込まれるようになった企業では、大都市のオフィスを一部解約する動きが出ています。

リモートワークは、従業員にもメリット大です。通勤の労力や時間をセーブできる分、共働きで家事・育児・介護を分担する世代に大きなメリットがあります。

もちろん、対面サービスが必須で、すぐに在宅ワークに転換できない業態も多数あります。それでも、ＩＴの活用により、あらゆる産業で少しずつリモートワークが浸透していく流れは変わらないと考えられます。

オフィス需給の軟化によって、20年から空室率の上昇、平均賃料の低下が始まっています。オフィス需給が急激に悪化する懸念は低いものの、長い時間をかけて少しずつ軟化していく可能性があります。

上場企業が保有する賃貸不動産に巨額の含み益

不動産市況は少しずつ軟化しつつありますが、それでもピークから大きくは悪化していません。19年までの不動産ブームで膨張した、巨額の賃貸不動産「含み益」(注)をそのまま温存している上場企業がたくさんあります。

(注)含み益：時価と取得原価の差額。100億円で買った不動産が120億円まで値上がりしたとき、帳簿上100億円で計上している不動産に、20億円の含み益が存在することになります。

19年まで続いた不動産市況の上昇により、保有する賃貸不動産の含み益が1兆円を超える企業も出ています。トップの三菱地所の含み益は、20年3月末時点で4兆2225億円に達しています。

不動産上位3社とJR東日本が持つ賃貸不動産の過去8年の含み益推移は、次ページの図の通りです。

不動産上位3社とJR東日本が持つ賃貸不動産の含み益
（2013年3月-2020年3月）

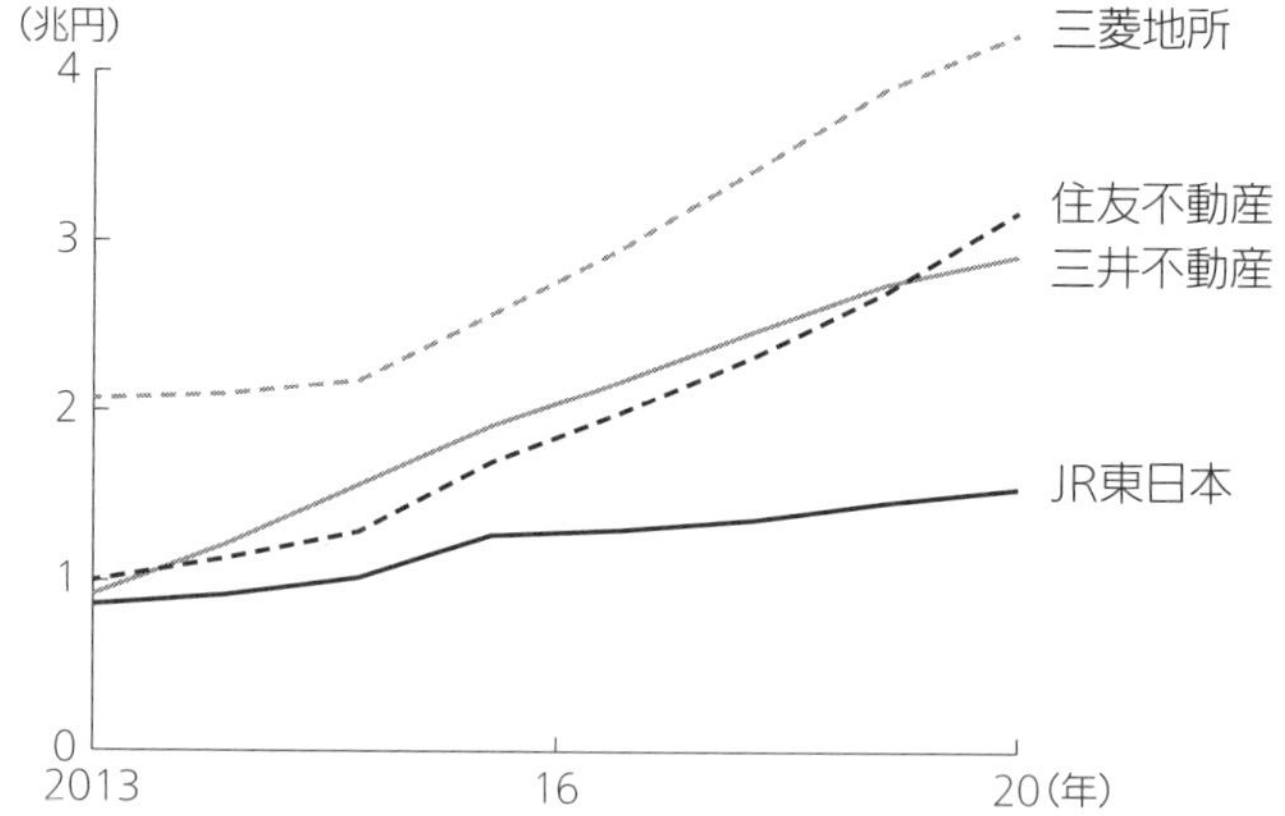

（出所）各社有価証券報告書（住友不動産のみ決算短信）より作成。

ブームが続く間、ずっと下がっていた不動産株

日本の不動産株がどう推移してきたかを見てみましょう。不動産ブームが続いている間は株価は上昇し、ブームが終わってから下がっていると思うかもしれませんが、そうではありません。不動産株は13年に高値をつけてから、ずっと下がってきていました。つまり、14－19年にブームの最中でも株価は下がっていました。

07年の不動産ミニバブルとその後のミニバブル崩壊では、不動産株は急騰した後、急落しました。その時の学習効果があったと思われますが、14－19年の不動産ブームでは、不動産株は上昇しませんでした。いずれ不動産ブームがピークアウトすること

東証不動産株価指数の動き（2004年1月-2021年4月）

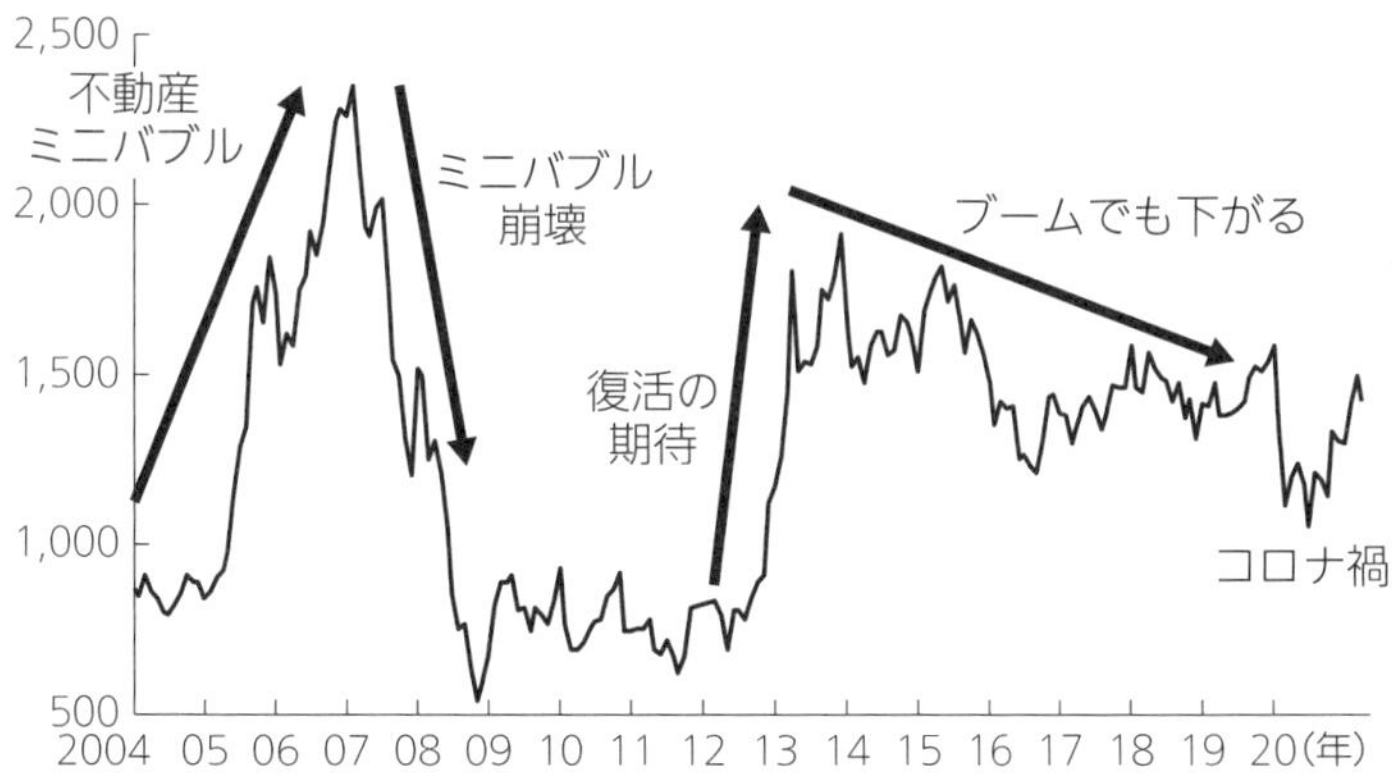

（出所）楽天証券経済研究所作成。

が意識されていたと考えられます。

20年にコロナ禍が起こり、不動産ブームは実際にピークアウトしましたが、株価はそれを早い時期から織り込んでいたと言えます。20年にコロナショックで下がった不動産株は、21年にかけて急反発しています。買収価値から見て割安な株価が見直されているためと思われます。

不動産業は市況産業です。これまでも不動産市況の上昇・下落に対応して、ブームと不況を繰り返してきました。

過去を振り返ると、１９７３年・１９９０年・２００７年に市況のピークがありました。73年は列島改造論のブームの中で不動産市況が高騰しましたが、オイルショックが起こると下落。90年の不動産バブルは90年代に崩壊。07年の不動産ミニバブルは08年のリーマンショックで崩壊しました。

これらの学習効果から投資家はブームのときにも不動産株を買わなくなりました。そのため、ブームがピークアウトしても、不動産株が大きく下落することもなくなっています。足元では、買収価値対比で割安な株価が見直されています。

「買収価値」と比べて割安な銘柄の見分け方

日本には今、「買収価値」と比べて割安な銘柄が多数あります。「買収価値に比べて割安」なのは、どのような企業でしょうか？　それは収益基盤がしっかりしていて財務内容が良好、かつ1株当たり純資産（資本）の価値よりも株価が小さい企業です。

そこで見るべきは、ＰＢＲ（株価純資産倍率）です。前章で説明したように、ＰＢＲとは株が1株当たり純資産の何倍まで買われているかを示す指標です。ＰＢＲは本来1倍以上になるのが普通ですが、財務や収益力に問題のある銘柄では、1倍を割り込むものもあります。

もし、財務や収益力が良好なのに、ＰＢＲが解散価値と言われる1倍を大きく下回っている銘柄があれば、買収価値から割安と言えます（上の図参照）。

PBR1倍割れ（0.5倍）のイメージ図

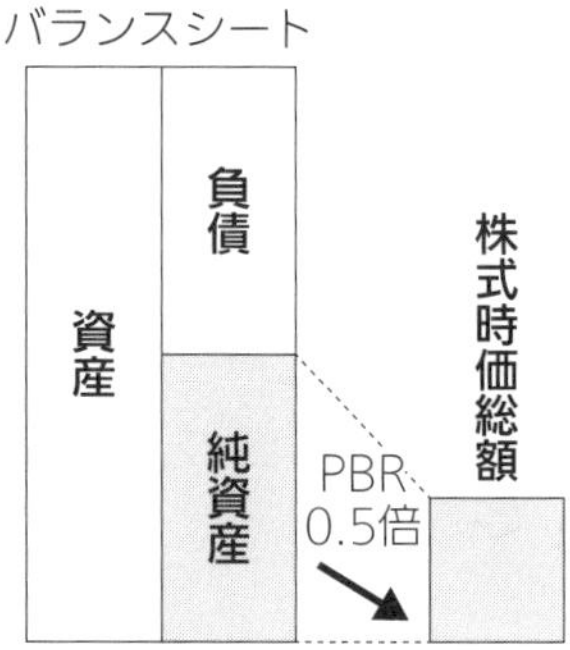

（注）筆者作成。

より詳しい説明は、第6章「ＰＢＲは自己資本と比べた割安の程度を測る指標」を参照ください。本章で注目するのは、見かけ上のＰＢＲではなく、含み益を考慮した実質ＰＢＲです。保有不動産の含み益の70％を自己資本に加えた上で、計算し直したＰＢＲを、実質ＰＢＲと呼んでいます。

賃貸不動産の含み益が１０００億円を超えている37社

賃貸不動産に大きな含み益があるのは、不動産会社ばかりではありません。電鉄・倉庫など、さまざまな業種に「含み資産株」があります。

利用可能な直近の有価証券報告書または決算短信で、賃貸不動産の含み益が１０００億円を超えている37社は20年4月30日時点で次ページ以降の表の通りです。

含み益を考慮した実質ＰＢＲが０・７倍を割っている21社

このような含み資産株の中には、含み益を考慮した実質ＰＢＲが1倍を大きく割れる銘柄が多数あります。それらが、買収価値対比で割安な銘柄です。

ただし、資産価値に比べて安いだけの銘柄には投資すべきでありません。本業が構造不況で苦しむ中、昔から保有している不動産の収益でかろうじて食いつないでいるような銘柄は問題ありです。繊維業界にはそういう銘柄が多いので要注意です。

賃貸不動産の含み益1,000億円超の37社

	コード	銘柄名	産業分類	含み益（億円）	連結PBR（倍）	実質PBR（倍）
1	8802	菱地所	不動産	42,225	1.37	0.53
2	8830	住友不	不動産	31,762	1.21	0.49
3	8801	三井不	不動産	29,184	0.95	0.51
4	9020	JR東日本	電鉄	15,488	1.11	0.78
5	9432	NTT	情報通信	13,313	1.02	1.08
6	9005	東急	電鉄	5,979	1.16	0.75
7	8804	東建物	不動産	5,049	0.86	0.45
8	8267	イオン	小売り	4,695	2.59	2.00
9	9531	東ガス	ガス	4,013	0.84	0.68
10	9602	東宝	サービス	3,706	2.05	1.28
11	9021	JR西日本	電鉄	3,705	1.18	1.04
12	3003	ヒューリック	不動産	3,530	1.70	1.14
13	9301	三菱倉	倉庫	2,741	0.85	0.55
14	9042	阪急阪神	電鉄	2,684	0.94	0.80
15	3289	東急不HD	不動産	2,571	0.75	0.57
16	1802	大林組	建設	2,423	0.83	0.73
17	8806	ダイビル	不動産	2,354	0.91	0.44
18	9401	TBS HD	情報通信	2,285	0.55	0.50
19	8233	高島屋	小売り	2,280	0.50	0.39
20	8905	イオンモール	不動産	2,264	1.04	0.74
21	9104	商船三井	海運	2,222	1.02	0.72
22	3231	野村不HD	不動産	2,097	0.83	0.71
23	7013	IHI	機械	2,096	0.95	0.72
24	9006	京急	電鉄	2,050	1.56	0.94
25	2501	サッポロHD	食品	1,896	1.13	0.61
26	1812	鹿島	建設	1,828	0.91	0.87
27	1803	清水建	建設	1,524	0.90	0.84

28	9003	相鉄HD	電鉄	1,430	1.56	0.91
29	9007	小田急	電鉄	1,341	3.06	2.45
30	9706	空港ビル	不動産	1,235	3.35	1.84
31	9302	三井倉HD	倉庫	1,226	0.97	0.41
32	8803	平和不	不動産	1,195	1.21	0.71
33	9062	日通	陸運	1,148	1.31	1.21
34	5901	洋缶HD	金属製品	1,125	0.39	0.38
35	9119	飯野海	海運	1,087	0.76	0.40
36	9008	京王	電鉄	1,069	2.45	2.18
37	8841	テーオーシー	不動産	1,046	0.74	0.46

（注）東京建物・ヒューリック・サッポロは20年12月期、イオン・高島屋・東宝は20年2月期、その他は20年3月期。
（出所）各社、利用可能な最新の有価証券報告書または決算短信より、楽天証券経済研究所が作成。

１４６ページに、不動産の含み益を考慮した実質ＰＢＲが０・７倍を割っている21銘柄を掲げました。構造不況銘柄が多い、繊維・百貨店は除外し、実質ＰＢＲが低い順にランキングしています。

筆者がファンドマネージャーなら買ってみたい9社

不人気の「含み資産」株ですが、実質ＰＢＲが低すぎる銘柄で、財務が良好、収益基盤が堅固な銘柄は、いつか見直されることを期待して買ってもよいと思います。

筆者は、過去25年間、日本株のファンドマネージャーをやってきた経験があります。もし今もファンドマネージャーならば、以下9銘柄を買いたいと思います。

実質PBRが0.7倍を割っている21銘柄
（実質PBRが低い順に配置、繊維・百貨店は除外）

	コード	銘柄名	産業分類	含み益（億円）	連結PBR（4月30日）	実質PBR（4月30日）
1	9324	安田倉	倉庫	236	0.40	0.33
2	9304	渋沢倉	倉庫	564	0.68	0.38
3	5901	洋缶HD	金属製品	1,125	0.39	0.38
4	9119	飯野海	海運	1,087	0.76	0.40
5	9302	三井倉HD	倉庫	1,226	0.97	0.41
6	8806	ダイビル	不動産	2,354	0.91	0.44
7	8804	東建物	不動産	5,049	0.86	0.45
8	8841	テーオーシー	不動産	1,046	0.74	0.46
9	8830	住友不	不動産	31,762	1.21	0.49
10	8864	空港施設	不動産	158	0.55	0.49
11	9308	乾汽船	海運	560	1.58	0.50
12	9401	TBS HD	情報通信	2,285	0.55	0.50
13	8801	三井不	不動産	29,184	0.95	0.51
14	8802	菱地所	不動産	42,225	1.37	0.53
15	9301	三菱倉	倉庫	2,741	0.85	0.55
16	9303	住友倉	倉庫	614	0.67	0.56
17	3289	東急不HD	不動産	2,571	0.75	0.57
18	2501	サッポロHD	食品	1,896	1.13	0.61
19	3105	日清紡HD	電機	159	0.60	0.62
20	9531	東ガス	ガス	4,013	0.84	0.68
21	8818	京阪神ビ	不動産	706	1.11	0.68

（注）実質は、21年4月30日の株式時価総額を実質純資産で割って計算。実質純資産は、各社の純資産に不動産含み益の7割を加えたもの。
（出所）各社、利用可能な直近決算期の有価証券報告書または決算短信より楽天証券経済研究所が作成。

飯野海運　安田倉庫　三井倉庫ＨＤ　三井不動産　三菱地所
住友倉庫　三菱倉庫　ＪＲ東日本　京阪神ビル

ただし、この9社からさらに近い将来、最高益を更新する可能性のある銘柄に絞り込みます。

最高益更新を見込む3社

ハゲタカがいれば真っ先に狙われそうな激安株の中から、近い将来、最高益を更新しそうな銘柄に絞り込みます。コロナショック前の19年3月期または20年3月期に経常最高益を更新し、その後コロナショックで減益になったものの、コロナが収束すれば再び最高益を更新する可能性のある銘柄に絞り込みます。三井倉庫ＨＤ、住友倉庫、安田倉庫の3銘柄です。いずれも倉庫業に属します。

「なんで倉庫が最高益？」と不思議に思った方もいるでしょう。確かに、モノを預かるだけの古い倉庫業には最高益を更新するような成長産業のイメージはありません。

しかし、倉庫は大きく変わりました。今やモノを預かるだけのスペースではありません。高速道路のインターチェンジ近くのハイテク倉庫では、さまざまな物流・流通加工作業が行われています。Ｅコマースが国内だけでなく国境を越えて拡大する今、倉庫は成長する物流

倉庫3社、株価指標と賃貸不動産含み益（21年4月30日時点）

コード	銘柄名	株価：円	配当利回り	PER：倍	実質PBR：倍	賃貸不動産含み益：億円
9302	三井倉庫HD	2,207	2.7%	7.2	0.41	1,226
9303	住友倉庫	1,413	3.5%	11.4	0.56	614
9324	安田倉庫	934	2.6%	9.2	0.33	236

（注）賃貸不動産含み益は20年3月期有価証券報告書より計算。実質PBRは不動産含み益の70%を自己資本に加えて計算したPBR。配当利回りは22年3月期予想1株当たり配当金を4月30日株価で割って算出。PERは4月30日株価を22年3月期予想1株当たり利益で割って算出。三井倉・住友倉は会社予想。安田倉は楽天証券予想。

（出所）QUICKおよび各社決算資料

倉庫3社の連結経常利益（2019年3月期〔実績〕-2022年3月期〔予想〕）

（金額単位：億円）

コード	銘柄名	2019年3月期		2020年3月期		2021年3月期		2022年3月期	
		実績	前期比	実績	前期比	実績	前期比	予想	前期比
9302	三井倉庫HD	最高益 110	+70.0%	105	▲5.0%	最高益 172	+63.7%	125	▲27.5%
9303	住友倉庫	112	▲10.9%	最高益 135	+20.4%	135	▲0.3%	最高益 157	+15.9%
9324	安田倉庫	最高益 43	+48.1%	最高益 44	+1.9%	43	▲2.0%	最高益 45	+3.1%

（出所）各社決算資料より作成。22年3月期は、三井倉・住友倉は会社予想、安田倉は楽天証券予想。

産業の中の重要な部門となっています。倉庫株が古いイメージのまま安い水準に放置されているうちに、投資してもよいと思います。

「もしバフェ」番外編：安田倉庫

第2章「筆者が選ぶ『もしバフェ』5銘柄」で、もしバフェットが日本株ファンドマネージャーだったら買うだろうと私が考える5銘柄を紹介しました。実は、入れようか迷って入れなかった銘柄が1つあります。それは本章で紹介した「安田倉庫」です。

財務良好、堅実経営で、物流という成長ビジネスを持つにもかかわらず、株価は買収価値（PBR1倍）を大きく下回っているので、バフェットの投資基準には合います。

ただし、最初にお断りしますが、今のバフェットが安田倉庫に投資することは、あり得ません。安田倉庫の時価総額が小さすぎるからです。バフェットのように何十兆円規模のお金を動かしていると、1銘柄で少なくとも数千億円は買えなければ意味がありません。日本の大型株ですら、バフェットからみれば小型株のようなものです。安田倉庫まで手を出すはずがありません。

というわけで、「もしバフェ」5選には入れませんでした。ただし、バフェットの投資基準には合うと考えていますので、番外編として紹介します。

バフェットが投資を始めたばかりのまったく無名だった20代には、これくらい時価総額が小さい会社でも投資していました。ですから無名だったバフェットなら本当に買うかもしれないという意味で、「もしバフェ番外編」に入れる価値はあると思います。

日本の不動産株には、買収価値から見て割安な銘柄が多数あります。その代表は三井不動産・三菱地所・住友不動産です。保有する賃貸不動産に1兆円を超える巨額の含み益があるにもかかわらず、コロナショックを受けて不動産需給が緩む懸念から株価が低位に据え置かれています。

同様に、倉庫業にも株価が買収価値から見て割安な銘柄が多数あります。倉庫業には不動産賃貸収益によって収益を支えてきたというイメージがあるからです。上場している倉庫業には、かつて海岸沿いにあった輸出入用の倉庫を賃貸ビルに変えたところが多く、その保有ビルの賃貸収益が、倉庫業が衰退する時代には、収益を支えていました。「都心から離れた競争力の高くない立地の賃貸ビルで稼いでいる」というイメージがあるため、倉庫株は賃貸ビルに含み益があっても、買収価値よりも割安に据え置かれているものが多数あります。

ところが近年、上場倉庫株の収益構造は変化しています。内陸のハイテク倉庫を強化し、物流事業で収益を稼ぎ、最高益をあげるところも出ています。安田倉庫は、21年3月期は減益ですが、コロナが収束すれば経常最高益を更新していく力があります。

Eコマースの成長によって、物流業は成長産業に変わりつつあります。内陸のハイテク倉庫では、単にモノを保管、配送するだけではなく、品質検査・商品の銘入れ・セット組み・

梱包・包装・返品処理など、さまざまな流通加工作業を行っています。それに伴い、高い付加価値を得られるようになってきたことが、投資家に理解されていません。そのため、実質PBRが0・33倍と、買収価値を大幅に割り込む低評価に留まっています。

物流業界は成長産業です。コロナ禍でEコマースが急拡大し、宅配業界は超繁忙です。国境を超えたEコマースも拡大しつつあります。安田倉庫は宅配事業を直接やっているわけではありませんが、それを支える物流・流通加工作業で収益をあげています。

安田倉庫の事業には2つの柱があります。物流事業と不動産事業です。コロナの影響がまだ大きくなかった20年3月期、同社は、経常利益（44億円）で最高益を更新しました。その期のセグメント（部門別）情報を見ると、物流事業で32億円、不動産事業で22億円のセグメント利益をあげています。不動産で安定収益を稼ぎつつ、物流事業で利益を伸ばすビジネスモデルが確立しつつあります。

倉庫の古いイメージは、「ただ、モノを保管するだけ」でした。しかし近年の安田倉庫は違います。同社は、メディカル物流・IT機器物流といった、特別なスキルが必要な分野でも強みを持ちます。メディカル物流事業では、インフルエンザワクチンや、うがい薬などの医薬品、カテーテルや人工心肺などの医療用機器を扱っています。また、IT機器事業では、IT機器の初期設定や動作確認、データ消去や廃棄も行っています。

物流事業は、国内だけでなく海外展開も行っています。中国・香港・ベトナム・インドネシアなどに拠点を持ち、内外一貫の物流を受託できる体制を整えつつあります。国際物流は、まだ収益性で課題がありますが、将来的には国内物流と並ぶ柱となっていくと思います。

安田倉庫は、倉庫跡地などに建設した賃貸ビルでも、安定収益を得ています。同社が有価証券報告書で開示している時価情報によると、20年3月末時点で、同社が保有する賃貸不動産には、235億円の含み益があります。戦前から保有する簿価の低い土地に、付加価値の高い賃貸ビルを持っていることから、大きな含み益となっているわけです。

安田倉庫の株式時価総額は、21年4月30日時点で283億円です。実質PBR（株価純資産倍率）で0・33倍の低評価となっている同社に、時価総額に近い金額の含み益があるのは特筆に値します。同社のビジネスモデルが理解されず、古い倉庫会社のイメージのまま、株価が低評価に留まっています。

不動産は安定収益源であり、成長性はありません。気になるのは、最近、コロナ禍の影響で、リモートワークが広がり、都心のオフィス需給がゆるみつつあることです。ただ、安田倉庫が保有する賃貸ビルは都心からは離れているので、その影響をあまり受けていないと考えられます。

リモートワークの広がりから、都心のオフィスに解約の動きが出る一方、郊外や地方の物件には一部、分散オフィスとしての契約を探す動きが出ています。安田倉庫が保有する賃貸ビルについては、都心部を離れているため、19年までのブームの恩恵はあまり及びませんでしたが、21年の需給悪化の影響も相対的に小さいと考えられます。

このように、中長期的に有望な安田倉庫ですが、前期（21年3月期）はコロナ禍で減益でした。家電など個人消費関連の物流は堅調でしたが、産業用貨物の物流にマイナスの影響が出ました。それでも、私はコロナ禍が去った今期（22年3月期）、再び最高益を更新していく力があると予想しています。

第8章

親会社からＴＯＢがかかってもおかしくない4社

親子上場の解消が急速に進んでいる

近年、親子上場企業（親会社と子会社双方が株式市場に上場している企業）に、親子上場を解消する動きが広がっています。以下２つのいずれかの方法によって、親子上場を解消する動きがあります。

① 完全子会社化

親会社が子会社に対してＴＯＢ（株式公開買付）を実施して子会社株をすべて取得し、完全子会社（親会社が１００％所有する子会社）にする。

② 親子関係の解消

親会社が子会社株をすべて売却（または第三者に事業譲渡）して親子関係を解消する。

２０２０年の例では、5月にソニーグループが金融子会社であったソニーフィナンシャルＨＤ（当時ソニーが発行済み株式の60％を所有していた上場子会社）に対してＴＯＢを実施しました。ＴＯＢは成立し、ソニーフィナンシャルはソニーグループ完全子会社となり、上場廃止となりました。

20年10月には、ＮＴＴがＮＴＴドコモに対してＴＯＢを実施し、完全子会社化しました。ＴＯＢ実施前、ＮＴＴはドコモ株の約66％を保有する親会社でした。残り34％をすべて買い取るのに約4・3兆円かける過去最大のＴＯＢとなりました。当時のドコモの株価に約40％ものプレミアムを上乗せしました。ＴＯＢ発表前の価格より約4割高い値段でＮＴＴが買い取ってくれたので、ＮＴＴドコモの株主にとってはすばらしいプレゼントとなりました。

20年3月には、日立製作所が当時上場子会社であった日立化成との親子関係を解消する決断をしました。日立化成が展開する化学事業は、日立製作所の本業と関連が小さいと判断したためです。日立製作所は保有株をすべて昭和電工に売却すると決めました。日立製作所の決断を受けて、昭和電工は日立化成に対してＴＯＢを実施しました。日立化成は上場廃止となり、昭和電工の完全子会社となりました。

日立製作所は、過去に多数の上場子会社や上場関連会社を保有していましたが、近年、急速に親子上場の解消を進めています。本業の一部と考える子会社にはＴＯＢをかけて完全子会社にしました。09年には、当時上場子会社であった、日立情報システムズ・日立ソフトウェアエンジニアリング・日立システムアンドサービス・日立プラントテクノロジー・日立マクセルの5社に対してＴＯＢを実施し、完全子会社としました。

一方、日立化成・日東電工のように本業との関連が薄いと考える子会社・関連会社は売却を進めました。総花経営とも言われる総合電機の多角化路線と決別し、競争力の高い事業に特化する「選択と集中」を進めるためです。

野村ＨＤも、上場子会社の保有株の売却を少しずつ進めてきました。野村総合研究所、野村不動産ＨＤなどの上場子会社がありますが、長い年月をかけて少しずつ売却を進めてきました。

野村総合研究所は、もともと野村證券のシステム開発や調査を担当していた完全子会社でした。当初は野村證券にビジネスのほとんどを依存していました。野村證券は、野村総合研究所が野村グループ以外の顧客を幅広く取って成長できるようにするために、野村総合研究所を上場させ、野村色を少しずつ低下させていきました。その戦略が奏功し、野村総合研究所は、金融業界や流通業界から幅広くビジネスを取るＩＴ業界の成長企業となりました。

野村不動産ＨＤについても同じです。17年に一時日本郵政への売却交渉を進めていたと報道が出ました。この交渉はその後中止となり、売却は実現しませんでしたが、将来的に野村不動産ＨＤを売却していく方向は変わっていないと推定されます。

なぜ今、親子上場の解消が進むのか？

90年代には、上場企業が子会社を上場させるのが大流行しました。当時、子会社を上場させることには以下４つのメリットがあると言われていました。

① 親会社にとって、有利な資金調達となる
子会社を上場させる時に保有株を売り出すと、人気の子会社は高い価格で売れるので、有利な資金調達になる。

② 親会社にとって、子会社の経営権を手放さなくてよい
子会社を上場させても、議決権の過半数を支配していれば経営権を維持できる。

③ 子会社にとって、知名度が上がり、営業や採用で有利になる
上場することで子会社の士気が上がり、いいことがたくさんある。

④ 子会社の自立を促し、子会社が独自の成長を遂げることが可能になる
子会社が、親会社に依存せずに、自前のビジネスを拡大しやすくなる。

これらのメリットをフルに享受し、成長企業となったのが、前段で紹介した野村総合研究所です。

ところが、近年は親子上場のメリットが低下し、弊害やデメリットが目立つようになりました。特に問題となっているのは以下の4点です。

①少数株主との利益相反

親会社の経営戦略に沿って子会社を経営することが、子会社の少数株主（親会社以外の株主）の利益に反することがあります。たとえば、子会社に「親会社以外の会社と取引することを制限する」、「短期的な利益を犠牲にして長期的な成長のための投資を進めさせる」などを強いると、子会社の少数株主の反発を招きかねません。

極端な例では、親子上場企業が互いにライバルとなる例すらありました。例えばかつて親子上場だった積水化学と積水ハウスなどです。住宅事業において親子が激しく競合する不思議な関係になっていました。今では親子関係を解消しています。

②重要子会社の経営判断の遅れ

少数株主の意見も尊重しなければならないと、親会社が望む経営戦略が進めにくくなることがあります。本業にとって重要な会社については、ＴＯＢをかけ完全子会社とするのは時代の流れです。

③利益の一部（少数株主持分）が外部流出

上場子会社が高収益会社の場合、親会社は100％保有したほうが連結利益を高めることができます。子会社の一部を少数株主に保有させてしまうと、その分、連結利益が低下することになります。

④割安な子会社または親会社が買収のターゲットとなる

親子上場では、主導権のないほうの会社が、買収価値から見て割安な価格に据え置かれる場合があります。事実上の経営権が親会社（または子会社）に握られているため、少数株主に経営権を行使する余地がほとんどないためです。

買収価値から見て割安な状況に子会社（または親会社）を放置しておくと、敵対的買収がかかることもあります。かつてフジテレビとニッポン放送は親子上場でした。ニッポン放送が親会社でフジテレビが子会社でした。力が弱く、買収価値からきわめて割安に放置されていたニッポン放送に05年ライブドアが敵対的買収を仕掛けたため、フジテレビは相当な苦労をしました。現在は、フジテレビはニッポン放送とのねじれた親子関係を解消済みです。

子会社や親会社を割安なまま放置するわけにはいかないと骨身に染みたのか、12年にフジ・メディアHDは、当時割安な価格に放置されていた上場不動産子会社のサンケイビルに対してTOBを実施し、完全子会社としています。

こうした事情から、近年は本業にとって重要な子会社は上場させたままにせず、TOBをかけて完全子会社とする例が増えています。

こうして親子上場の解消が急速に増える中、新たに子会社を上場する例は珍しくなりました。ただし、今でも一部新規に子会社を上場させる例があります。ソフトバンクグループによるソフトバンクの上場などです。

親会社からTOBがかかってもおかしくない4社

次に銘柄名を挙げる前に、注意事項があります。これから挙げる4銘柄は、いずれも「筆者が親会社の経営者だったら、出資比率を大幅に高める、あるいは完全子会社化を目指す」と判断する上場子会社・関連会社です。もし完全子会社にできれば連結経営に有利と判断している会社です。

ただし、親会社の経営陣が私と同じ考えを持っているとは限りません。また仮に親会社経営陣がそう考えていたとしても、子会社の経営陣や大株主が受け容れるとは限りません。いろいろな障害があって、完全子会社化は実現できないかもしれません。

私の考えとはまったく逆に、親会社が子会社の株の売却を目指すこともあり得ます。つまり、これから述べることは、あくまで筆者個人の考えで、親会社経営者の考えではありません。そのことを理解して私の考えを聞いてください。

以下4銘柄について簡単にコメントします。

①アコム

アコムは消費者金融の子会社です。消費者金融は銀行がこれまで手掛けてこなかった、低信用の無担保ローンで収益を稼ぐビジネスです。大企業与信で稼げなくなった時代には重要なビジネスの一角と考えられます。三井住友は11年に、当時上場子会社だったプロミスに対してＴＯＢを実施し、完全子会社にしています。同様に三菱ＵＦＪもアコムを完全子会社にする選択肢があると考えます。

②イオンフィナンシャルサービス

③イオンモール

ともにイオンの上場子会社です。イオンはこの他にもたくさんの子会社を上場させていますが、イオンのビジネスモデルにとってこの2社は特に重要なので、完全子会社にしたほうがよいと考えます。

ただし、小売業が親会社として金融・不動産子会社の上に立つのは必ずしも望ましくありません。セブン&アイHDのように、持ち株会社（仮にイオンHDとします）を作り、その下にイオンリテール、イオンフィナンシャルサービス、イオンモールなどの子会社を兄弟会社として並べるほうが連結経営が効率的に行えるでしょう。

連結収益の重要な一部を占めるという意味では、ウエルシアHDも完全子会社にしたほうがよいと思いますが、それ以上にコア事業のビジネスにとって重要なこの2社の取り込みが先です。

④ダイビル

商船三井が子会社化したのが、ダイビルです。商船三井の本業である海運業が変動性の激しいビジネスなので、連結経営を安定させるためにダイビルに投資し、不動産事業を拡大したと考えられます。

商船三井にとって、さらなる経営安定化のためにダイビルを完全子会社にしたほうがよいと思います。ダイビルが保有する賃貸ビルの含み益対比で、ダイビルの株価が割安になっており、このままにしておくのはよいとは言えません。

業界再編のためのTOBも増加、島忠のケース

TOBは、親子会社の間ばかりで進むわけではありません。業界再編が遅れている地方銀行や、さらなる再編が必要な自動車・鉄鋼・化学業界などでも、TOBによる経営統合が今後増えると思います。

20年には、ホームセンター業界で敵対的TOBによる再編が進んだことが話題になりました。ホームセンター大手・島忠（当時は東証一部上場企業）に対し10月2日、同業のDCMHDが1株4200円でTOBを実施すると発表しました。10月2日の同社株価3520円を19％上回る価格でした。これに島忠経営陣が同意を表明したことから、友好的TOBとして成立すると思われました。

ところが10月29日、同業のニトリHDが、島忠に対してDCMのTOB価格を大幅に上回る1株5500円で敵対的TOBを仕掛けました。島忠経営陣は、最終的にニトリによるTOBに同意したので友好的TOBに変わりました。そして12月29日、ニトリによるTOBが成立し、島忠はニトリの子会社となりました。複数の上場企業が買収価格で争う思いがけない展開が話題となりました。

ニトリは結局、10月2日に株価3520円だった島忠株を、それよりも56％上回る5500円で買ったことになります。それでもこれは、割安の買収だったと思います。なぜ

島忠の株価推移（2020年9月1日-12月30日）

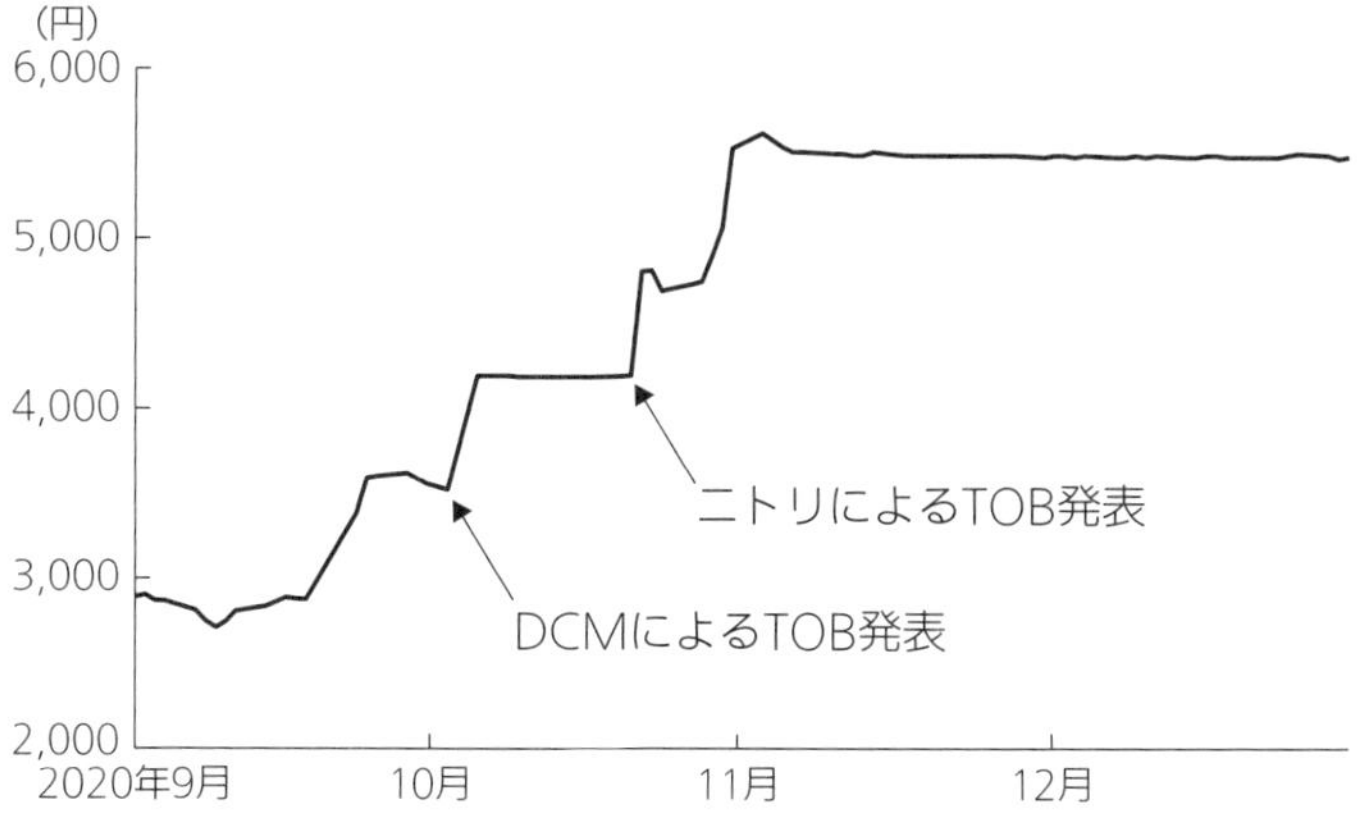

（注）Quick。

ならば、10月２日の株価３５２０円で、島忠株はＰＢＲ（株価純資産倍率）０・76倍と、解散価値の１倍を大幅に下回っていたからです。

財務優良、安定的に収益を稼ぐ力があるにもかかわらず、買収価値を大きく下回る株価に放置されていました。そこに、ＤＣＭ・ニトリがＴＯＢを仕掛けていった形です。

最終的な買収価格５５００円でのＰＢＲ（買収査定による時価評価前）は１・16倍で、妥当な買収価格です。これでニトリは、首都圏中心の島忠店舗をグループに取り込み、首都圏での地盤を一段と強化しました。

一方、島忠は、ニトリグループに入ることで、ニトリが持つ強力なプライベートブランド品を取り込むことができます。両者にとってウィンウィンの経営統合になったと評価できます。

これからも、島忠のケースのようなＴＯＢが日本で増えてくると予想します。

第9章

高配当株投資はＮＩＳＡを使おう

払わないでいい「税金」払っていませんか

高配当利回り株への長期投資には、売買益や配当金が非課税になる「ＮＩＳＡ（ニーサ）」口座を使うことをお勧めします。「つみたてＮＩＳＡ」でも非課税投資はできますが、「つみたてＮＩＳＡ」では投資信託にしか投資できません。個別株を買うには、ＮＩＳＡを選ぶ必要があります。

ＮＩＳＡ・つみたてＮＩＳＡなど、近年、非課税で資産形成できる制度が増えています。利用可能な範囲でしっかり使いましょう。利用できる節税手段があるのに、使わないのはもったいないことです。「よくわからない、面倒くさい」とほったらかしにすべきではありま

「2019年にNISA、つみたてNISAをしたか？」「2020年にNISA、つみたてNISAをしたか？」に対する回答

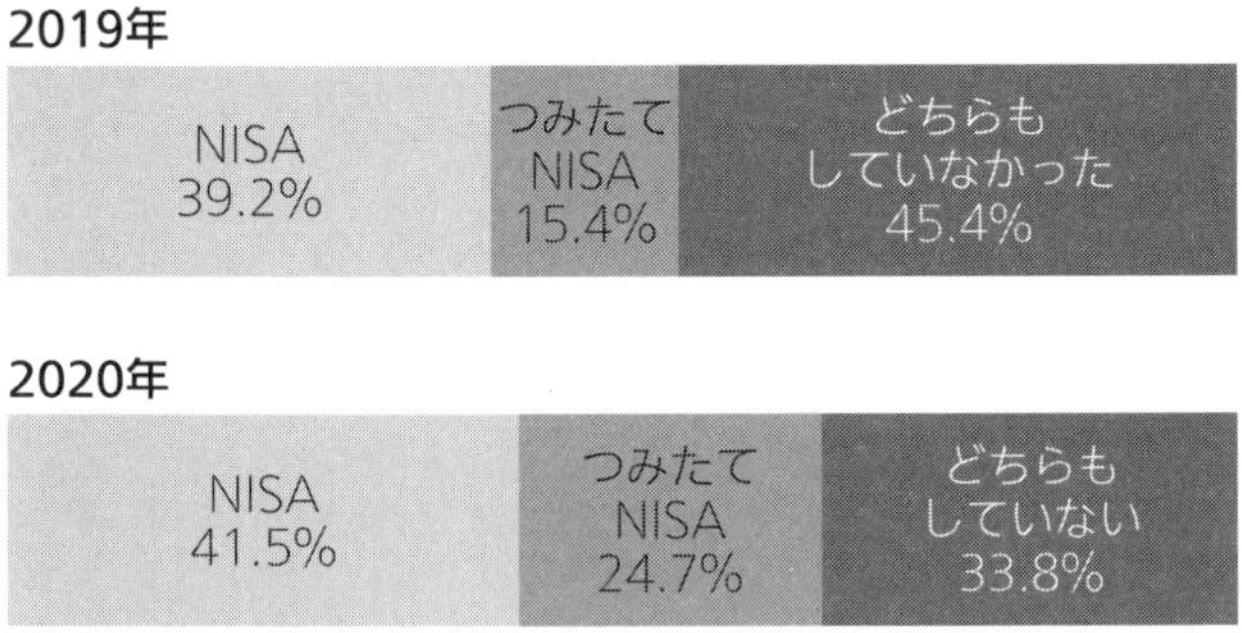

（出所）2019年は2020年5月楽天DIアンケート（回答者5,000名以上）、2020年は2021年1月楽天DIアンケート（回答者6,600名以上）。

せん。

将来、１００万円の運用益（配当金や売却益）が得られるとします。通常の課税（分離課税・単純計算）では、20万３１５０円（20・３１５%、復興特別所得税含む）が税金（所得税と住民税の合計）として差し引かれるので、79万６８５０円しか受け取ることができません。もしＮＩＳＡなど非課税制度を使って投資していれば１００万円まるまる受け取ることができます。大きな差です。

ところが、33・8%の方が、２０２０年段階でＮＩＳＡもつみたてＮＩＳＡもやっていないことが、楽天証券のアンケート調査でわかりました。ＮＩＳＡ・つみたてＮＩＳＡ利用状況について、楽天証券が実施したアンケート調査から、この回答が得られました。

使える節税制度は、しっかり使っていくべきで

す。ただ、ＮＩＳＡもつみたてＮＩＳＡも、その他いろいろある非課税投資制度も、正直言って理解するのに骨が折れます。あまりに複雑でよくわからないまま何もしていない人がたくさんいます。なんで日本はこんなに複雑でわかりにくい制度を次々とたくさん作るのかと呆れます。

でも、文句を言っていても仕方ありません。本章ではＮＩＳＡ・つみたてＮＩＳＡを、きちんと使うための必要最小限の説明をします。

現在のＮＩＳＡ制度は23年まで続きます。24年から制度内容が改定され、「新ＮＩＳＡ制度」が始まります。制度内容は少し変わりますが、24年以降も毎年、ＮＩＳＡまたはつみたてＮＩＳＡで新規の非課税投資枠が得られることは変わりません。

これまでＮＩＳＡやつみたてＮＩＳＡをやってこなかった人は、今年から始めるべきです。これまで投資してきた人は継続していきましょう。

ＮＩＳＡ・つみたてＮＩＳＡ制度はこうなっている

ＮＩＳＡには、14年から始まった従来型の「ＮＩＳＡ」と、18年から新たに始まった「つみたてＮＩＳＡ」の２種類があります。１年間にどちらか１つしか選択できません。つみたてＮＩＳＡをやった年には、つみたてＮＩＳＡはできません。つみたてＮＩＳＡをやった年は、ＮＩＳＡはできません。毎年、どちらか１つを選ばなければなりません。

NISAとつみたてNISAの概要

	NISA	つみたてNISA
加入資格	20歳以上の国内居住者	
節税メリット	売買益・利息配当金など運用益が非課税	
年間の拠出可能額	120万円	40万円
非課税となる期間	5年間	20年間
運用可能商品	投資信託・国内株・外国株など	国が定めた基準を満たす投資信託・ETFのみ

（出所）楽天証券経済研究所作成。

1年ごとに、NISAとつみたてNISAを使い分けることもできます。今年NISA・来年つみたてNISA・再来年NISAと、年ごとに違うものを選ぶこともできます。

どちらを選んだらよいか考えるために、まず両者の概要を見てみましょう。両者の主な違いは、非課税となる期間、年間上限額、そして対象商品の3点です。概要は以下の通りです。

NISAもつみたてNISAも、20歳以上の国内居住者であれば始めることができます。投資した金融商品から得られる売買益や利息配当金などが非課税となります。

NISAとつみたてNISAでは、1年間に得られる非課税枠が異なります。NISAを選べば、1年間に120万円の非課税枠が得られます。ただし、5年しか有効ではありません。5年間フルに使うと、120万円×5年＝600万円の非課税枠を使えます。一方、つみたてＮＩＳＡでは、1年間に40万円しか非課税枠を得られません。ただし20年間有効です。20年間フルに使うと、40万円×20年＝８００万円の非課税枠を使えることになります。どちらが有利とは一概に言えません。

ＮＩＳＡとつみたてＮＩＳＡでは、投資対象が異なります。ＮＩＳＡでは、日本株や外国株、投資信託に投資することができます。一方、つみたてＮＩＳＡで投資可能なのは、国が定めた基準を満たす投資信託またはＥＴＦ（上場投資信託）のみです。

つみたてＮＩＳＡで投資可能な投資信託は、「長期・分散・積み立て投資」に適したファンドとして、国が選択したものだけです。選ばれるために満たさなければならない主な条件は以下の通りです。

①手数料が高すぎない

販売手数料ゼロ。信託報酬（ファンドから差し引かれる管理費用）が一定水準以下。

②幅広く分散投資している

日本株なら、日経平均インデックスファンド、ＴＯＰＩＸインデックスファンドなど。米国株なら、ＳＰ５００インデックスファンドなど。他に、全世界株式インデックスファンド、新興国株式インデックスファンドなどがある。株だけでなくＲＥＩＴ（不動産投資信託）や債券に分散投資するバランスファンドもある。

③長期の積み立て投資に適している

信託期間が無期限あるいは20年以上。分配金を出す頻度が多すぎない。毎月分配は不可（複利の長期運用ができなくなるため）。

金融機関のセールスにひっかかって、手数料が高すぎる、不適切なリスクを取っている投信を買わされてしまうことの多い人は、つみたてＮＩＳＡにすれば、その心配はありません。

ＮＩＳＡとつみたてＮＩＳＡ、どちらか迷ったらこうする

ＮＩＳＡとつみたてＮＩＳＡの違いは、金額・非課税となる期間・投資対象・投資の仕方です。どちらにしたらよいかわからない方のために、以下の問いを作りました。考えてみてください。

質問1 1年間に投資できる金額はいくらですか？

①　120万円以上ならば→NISAを選んだほうがよいと思います。NISAならば、年間120万円まで非課税投資ができます。非課税期間は5年。

②　40万円以下ならば→つみたてNISAを選んだほうがよいと思います。つみたてNISAならば、年間40万円まで非課税投資ができます。非課税期間は20年あります。

質問2 投資対象は何にしますか？

①　日本株・外国株の個別銘柄→NISAを選ぶ必要があります。投資信託も自由にファンドを選びたいなら、NISAを選ぶ必要があります。

②　国が選んだ長期・分散・積み立て投資に適した投資信託に投資するなら→つみたてNISAを選ぶとよいと思います。

質問3 投資するタイミングはどのように決めますか？

① 自分で投資タイミングを決めたい→ＮＩＳＡを選ぶ必要があります。

② 積み立て投資がよい（毎月、一定金額を買い続ける）→つみたてＮＩＳＡならば、必ず積み立て投資になります。ＮＩＳＡでも、積み立て投資を選択することはできます。

途中で売却すると非課税枠は消滅

ＮＩＳＡもつみたてＮＩＳＡも、毎年こつこつ積み上げていくことで、非課税枠は拡大します。ただし、非課税枠は以下の場合に消滅することを理解していてください。

- 枠を得てからＮＩＳＡなら5年後、つみたてＮＩＳＡなら20年後
→21年に得たＮＩＳＡ枠は25年末で終了します。つみたてＮＩＳＡ枠は40年に終了します。

- 途中で金融商品を売却した場合
→急にお金が必要になって、ＮＩＳＡで投資していた金融商品を売却しなければならな

くなることもあるかもしれません。売却益は非課税ですが、売却した部分の非課税枠は終了します。少しずつ売却していくと、売却した分だけ非課税枠が少しずつ減っていきます。

●枠を得た年に投資せず、非課税投資枠を残した場合
↓年内に投資しないで残った非課税枠は消滅します。次の年には引き継げません。たとえば、21年に120万円のNISA非課税枠を得ても、21年中に70万円までしか投資しなかった場合、残りの50万円の非課税枠は消滅します。22年に引き継ぐことはできません。

非課税期間が満了した後も、売らずに持ち続けることができる

今年（21年）に得たNISA枠は25年末で終了し、今年得たつみたてNISA枠は40年に終了します。

NISA口座で投資していた株などの金融商品は、期間満了前に必ず売らなくてはならない訳ではありません。引き続き保有することも可能です。その場合、金融商品は課税口座に移管されます（注：非課税期間を延長しない場合）。

課税口座に移管される金融商品の簿価（買値）は、非課税期間が満了した年の年末の時価

になります。

たとえば、NISA口座でA社100株を1000円で買ったとします。その株が、NISA期間が満了する5年目の年末に1500円に値上がりしたとします。すると、課税口座に移管されるA社の簿価（買い値）は、1500円となります。

したがって、課税口座に移管されたA社株を1500円で売っても売却益は発生しませんから非課税となります。ただし、A社株を1600円で売却した場合には、100円の値上がり分が課税されます。

ここで、1つ注意が必要です。NISA口座を使って1000円で買ったB社100株が、NISA期間が満了する5年目の年末に800円に値下がりしていたとします。すると、課税口座に移管されるB社の簿価（買い値）は、800円になります。

このB社株が1000円に戻ったときに売れば、値上がり分200円に課税されます。1000円で買った株を1000円で売るのに、簿価が800円に下がってしまったために、売却益が発生してしまうわけです。

このように、投資銘柄が値上がりする場合は、売却しなくても非課税になるメリットがありますが、値下がりしている場合は、非課税期間満了時に簿価が下がってしまうデメリットもあります。

やってはいけない、NISAの3大失敗

以下、私が聞いたことのある3つの失敗談をご紹介します。同じ失敗をしないように気をつけてください。

①NISA口座を開く前に株を買って、後からNISA口座に移そうとしたが、移せなかった

課税口座（一般口座や特定口座）で買い付けた株や投資信託を、後からNISA口座に移すことはできません。まず、NISA口座を開き、NISA口座で買い付けた株や投資信託だけが、非課税の恩恵を受けることができます。

NISA口座で株に投資しようと考える方は、まずNISA口座を開いてください。先に株を買ってしまって、後からNISAに移そうとしても移せません。

②昨年12月に駆け込みでNISA口座を開いたが、12月中に何も買わなかった

NISA口座では、年間120万円まで非課税投資ができます。ただし、昨年（20年）のNISA口座は、20年中に投資する必要があります。使わずに残った非課税枠は、次の年に引き継げません。したがって、20年12月にNISA口座を開いても、20年中に何も買わなか

ったならば、20年の非課税枠はすべて消滅しています。新たに付与される、次の年のＮＩＳＡ枠を使って投資する必要があります。

21年にＮＩＳＡを選ぶか、つみたてＮＩＳＡを選ぶか考える際、一番重要な決め手は、「21年にいくら投資できるか」です。21年に１２０万円のＮＩＳＡ非課税枠を得ても、21年中に40万円までしか投資しなかった場合、残りの80万円の非課税枠は消滅します。22年に引き継ぐことはできません。

1年間に40万円だけ投資する予定ならば、上限40万円のつみたてＮＩＳＡを選んだほうがよいと思います。つみたてＮＩＳＡは投資上限が年間40万円ですが、非課税になる期間が20年あるからです。一方、ＮＩＳＡ口座は１２０万円まで投資できますが、非課税期間が5年間しかありません。

③20年に課税口座で10万円の売却益を出し、NISAで10万円の売却損を出したが、損益通算できなかった

ＮＩＳＡの欠点として知っておく必要があるのは「損益通算」できないことです。課税口座（特定口座）で10万円の売却益と10万円の売却損を出せば、「損益通算」されます。売却益と売却損が相殺され、ネットで売買損益は出ていないので、税金はかかりません。

ところが、課税口座で10万円の売却益を出し、ＮＩＳＡで10万円の売却損を出した時は、

損益通算ができません。10万円の売却益に対し、分離課税を選択していると、２万３１５円（20・３１５％）の税金（所得税および住民税）がかかります。ＮＩＳＡ口座で10万円の売却損を出しても、払った税金は戻ってきません。

iDeCo（イデコ）はNISAより節税メリット大

ここまでＮＩＳＡとつみたてＮＩＳＡの説明をしました。もう１つ、重要な非課税投資制度があります。ｉＤｅＣｏ（イデコ）です。

非課税貯蓄制度として、代表的なものに、「ｉＤｅＣｏ（イデコ）」「ＮＩＳＡ」「つみたてＮＩＳＡ」がありますが、３つのうち、一番節税メリットが大きいのがｉＤｅＣｏです。加入資格のある方は、まず、ｉＤｅＣｏを枠いっぱいまで使って貯蓄することを目指すべきです。

ｉＤｅＣｏの加入資格がない方、あるいは、既にｉＤｅＣｏを枠いっぱい使っている方は、さらに投資余力があれば、ＮＩＳＡまたはつみたてＮＩＳＡを使って非課税投資を実施したらよいと思います。

ここから、「ｉＤｅＣｏ」について、解説します。ｉＤｅＣｏには、後段で説明しますが、３つの節税メリットがあります。ところが、加入資格があるのに入っていない方が、いまだに多数います。とてももったいないことです。

iDeCoの理解度をチェックするフローチャート

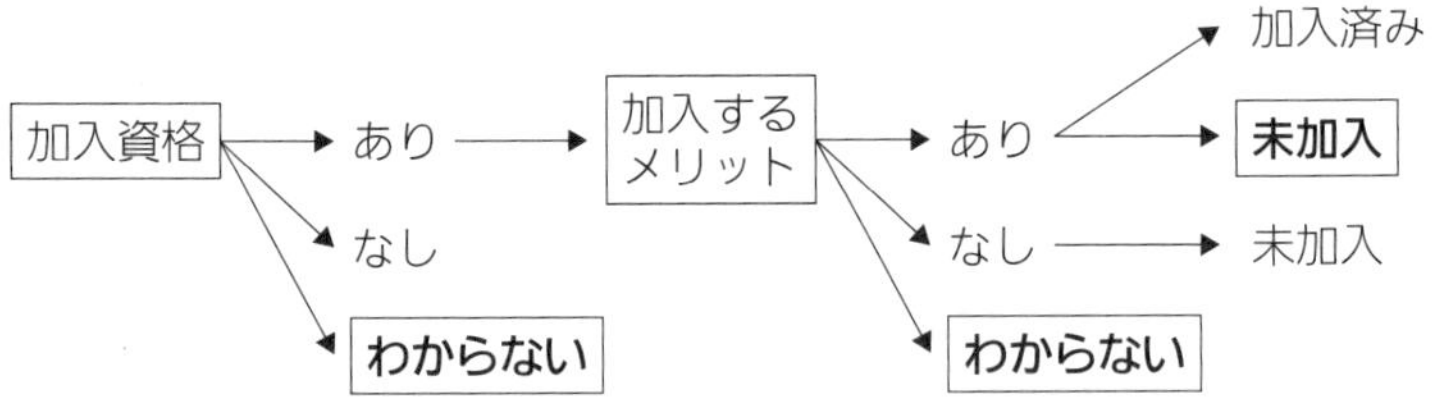

（出所）筆者作成。

公務員・自営業の方や、加入資格のない会社からある会社に転職された方などに、加入資格があることをご存知ない方が多数いらっしゃると聞きます。

皆さんが、制度をきちんと理解されているかチェックするために、上のフローチャートで、自分がどこに該当するか、確かめてください。「加入資格」からスタートして、問いに答えながら先に進んでください。

加入資格があるかないか「わからない」方は、加入できるのに未加入の可能性があります。iDeCoは、原則20歳以上、60歳まで加入できます。ただし、勤務先に企業型確定拠出年金制度がある方の一部は、加入資格がありません。加入資格について、詳しいことは、勤務先などで確認してください。

加入資格があり、加入するメリットもあるのに「未加入」の方は、節税メリットを受け損なっていて、もったいないと思います。早めにスタートしたほうがよいと思います。

iDeCo 3つの節税メリット

iDeCoには3つの節税メリットがあります。すぐに恩恵を感じられるのは、①の拠出金が所得控除になることです。

①拠出金が所得控除になる

年末調整、または確定申告によって所得控除を受け、所得税・住民税の納税額を減らすことができます。

たとえば、民間企業の勤務者で、給与収入が650万円（課税所得350万円と仮定）の方は、iDeCoで拠出額の約30%分、節税できます（復興特別所得税を勘案しない計算）。年間27万6000円（月額2万3000円ずつ）拠出を行うならば、単純計算で年間8万2800円の節税となります。

iDeCoの節税メリットで、すぐに恩恵が現われるのは、拠出金が所得控除になることです。ただし、主婦（主夫）など課税所得がゼロで、所得税を納めていない場合は、そのメリットはありません。

②運用益が非課税となる

運用期間中に得られる利息・配当金・売却益はすべて非課税です。将来、10万円の運用益（配当金や売却益）が得られるとします。通常の課税（分離課税・単純計算）では、2万円（復興特別所得税を勘案しない計算）が税金として差し引かれます。iDeCo・NISAなど非課税制度を使っていれば、10万円まるまる受け取れます。大きな差となります。

③受け取り時にも節税メリットがある

一時金で受け取るならば、退職所得控除の対象となります。年金方式で受け取る場合は、公的年金等控除の対象となります。詳細は割愛しますが、非課税で受け取れる可能性が高いと言えます。

iDeCo 3つのデメリット

主なデメリットについても説明します。以下3つです。

①原則60歳まで引き出しができない

60歳になるよりも早い時期に、住宅購入や子供の教育などで使う予定があるお金ならば、iDeCoではなく、NISAやつみたてNISAで運用したほうがよいと考えられます。

②投資信託を通じて株などに投資する場合、値下がりすることもある

投資信託で運用する場合、当然ですが、必ず資産が増加するとは限りません。値下がりする可能性もあります。運用リスクを取りたくなければ、ｉＤｅＣｏで定期預金に加入することもできます。

ただし、私は、60歳まで長期運用できるお金を定期預金に置いておくのは、お勧めしません。利回りが低くて、ほとんど資産が増えないからです。短期的な値下がりリスクを負っても、長期的な資産形成に寄与すると期待される投資信託などに投資していくべきと考えています。

③加入先によっては運営管理手数料がかかる場合がある

ただし、楽天証券ならば、運営管理手数料は条件なしで無料です。

iDeCoでの年間拠出金上限は、勤務先や働き方によって異なる

ｉＤｅＣｏの概要は以下の通りで、加入資格・年間の拠出金上限などが決められています。ｉＤｅＣｏに年間いくら拠出できるか、次ページの表に示した通り、勤務先や働き方によって異なります。ｉＤｅＣｏ枠は、目いっぱいまで使い、３つの節税メリットをフルに活用していくことがよいと思います。

iDeCoの概要

	iDeCo（イデコ）
加入資格	原則20歳以上、60歳以下。勤務先に企業年金制度があると加入できない場合もある
年間の拠出可能額	勤務先・働き方により異なる ①第1号被保険者 **自営業者**などで最大81万6,000円 ②第2号被保険者 **民間企業勤務者**などで最大27万6,000円。 **公務員**などで最大14万4,000円。 ③第3号被保険者 **専業主婦（主夫）**などで最大27万6,000円
節税メリット	①拠出金が所得控除に ②運用益が非課税 ③受け取り時も非課税の可能性高い
運用益が非課税となる期間	60歳以降、受け取るまで非課税
運用可能商品	投資信託・定期預金・保険商品など

（出所）楽天証券作成。

大荒れ相場に翻弄されない「積み立て投資術」

これから株式投資を始めようと考えている人が迷うのは、「いつ買ったらよいか」です。景気がよく株が上がっている時は、「もう高すぎないか？」と心配になります。景気が悪く、株が下がっている時は、「もっと下がるのではないか？」と心配になります。いろいろ考えていると、なかなか「最初の一歩」が踏み出せません。

そういう時にお勧めなのが、「積み立て投資」です。

毎月定額を積み立てていくのが理想的ですが、毎月でなくても年2回くらいでも、毎年投資を増やしていく方法がよいと思います。

20年6月に楽天証券が行ったアンケート調査に、「自分で投資タイミングを決めるのと、毎月決まった日に一定額を積み立てるのと、どちらがお好きですか」との問いがありました。5000名を超える個人投資家から回答があり、結果は以下の通りでした。

「自分で投資タイミングを決めるほうがよい」が52・9%

「積み立て投資のほうがよい」が28・7%

「どちらでもない、わからない」が18・4%

読者の皆さんはどちらでしょうか？　それを考える上で、参考になるお話をしたいと思います。それを解説する前に、1つ質問をしますので、答えてください。

質問　以下の投信Aと投信B、あなたにとって、どっちがよい投信だと思いますか？

今後4年間投資できるお金が100万円あるとして、あなたなら次ページの投信Aと投信B、どちらに投資したほうがよいと思いますか？

答えは明確です。投信Aは、チャートを見るとわかる通り、急騰急落を繰り返すハラハラドキドキ投資ですが、4年後には40%値上がりしています。投信Bは値動きが小さい堅実投

ハラハラドキドキ投資か、堅実投資か（イメージ図）

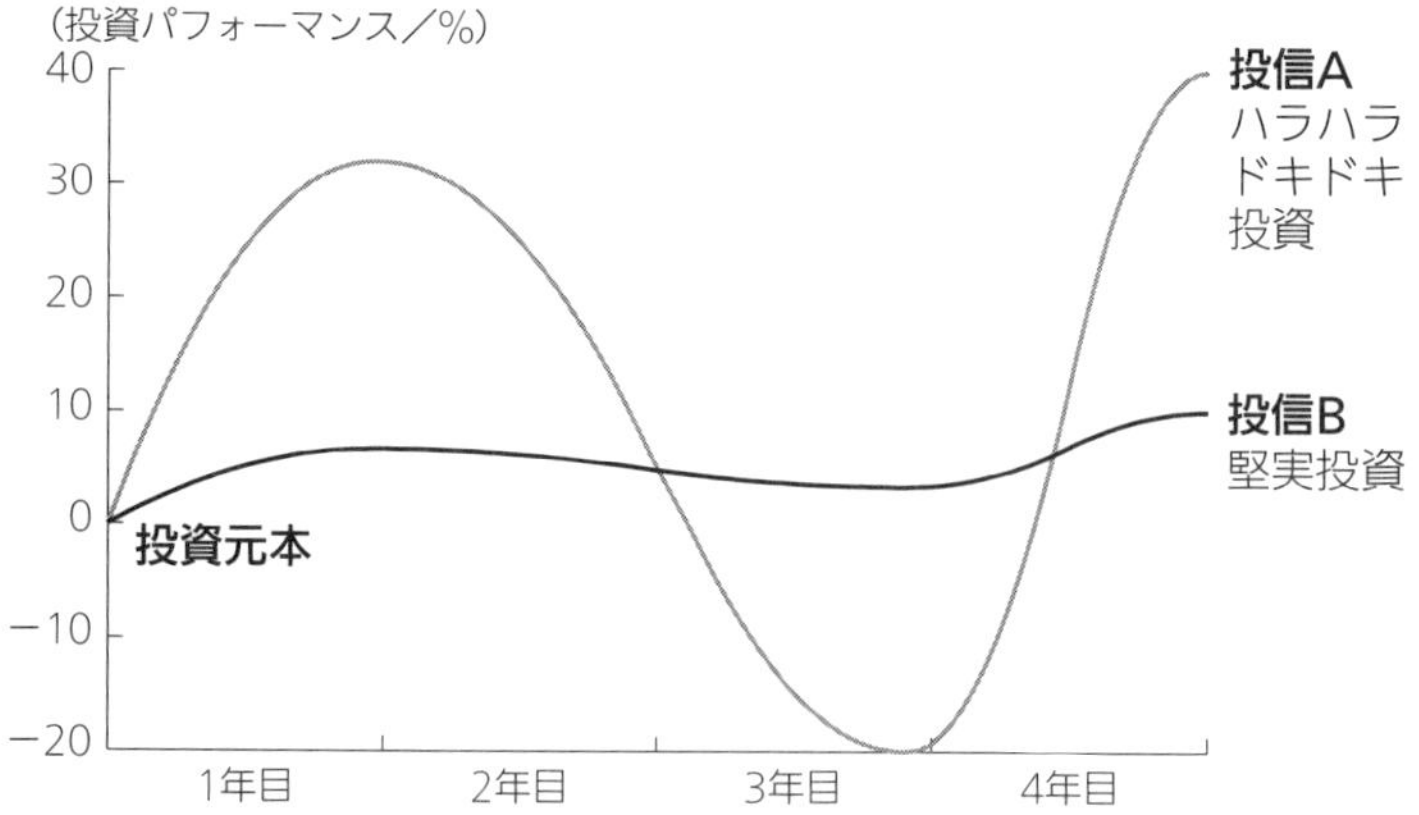

（出所）著者作成。

資で、4年後に10％の値上がりです。4年後のリターンだけ見るならば、投信Aのほうがよいのは明らかです。

それでも、投資家のタイプによっては、ハラハラドキドキ投資を選ぶべきでないかもしれません。値動きの荒いファンドで最悪のタイミングで売買してしまうタイプの人は、投信Aはやめたほうがよいと思います。皆さんは、投信Aへの投資で失敗するタイプかどうか、自分で冷静に考えてみてください。

景気について明るい話が増えてくると株を買いたくなり、景気について暗い話が増えてくると株を売りたくなる「素直な人」は、高値買い・安値売りをするリスクが高くなります。素直な上に慎重だと、最悪のタイミングで売買することもあります。

ファンドマネージャーにとってもうれしかった「積み立て投資」

私は、25年間、年金・投資信託などの日本株を運用するファンドマネージャーをしていました。ファンドマネージャー時代に、とても残念に思ったことと、うれしかったことがあります。

まず、残念なこと。私が運用していた公募投信（日本株のアクティブ運用ファンド）では、日経平均の高値圏で設定（買い付け）が増えるのに、日経平均の安値圏では、ほとんど設定がありませんでした。株は安い時に買って、高くなった時に売ると利益が得られるわけですが、公募投信では残念ながら、その逆の動きが見られました。

次に、とてもうれしかったこと。私が運用していたファンドが、ＤＣ（確定拠出年金）の運用対象になったことです。多数の企業に採用していただけました。ＤＣでは、毎月、一定額の設定が入り続けます。加入者の方に、定時定額で積み立てしていただいたことになります。そうすると、日経平均の高値でも安値でも、淡々と設定が入ってきます。

日経平均が大暴落して世の中が総悲観になっている時は往々にして絶好の投資チャンスとなっています。ファンドマネージャーとしては、そんな時こそしっかりと投資を増やしてほしいと思います。ところが、公募投信ではそういう時に設定が入ってきません。

私が運用していたＤＣファンドでは、定時定額の積み立て投資が入ってきますので、リーマンショックで日経平均が大暴落し、世の中が総悲観になっている時でも、淡々と積み立ての資金が入ってきました。今回のコロナ危機でも、積み立て投資では安いところでも投資が続けられています。

誰でも、株は安い時に買って、高い時に売りたいと思うのでしょうが、言うのは簡単で、やるのはとても難しいことです。無理にいいタイミングで売買しようとせずに、毎年あるいは毎月、一定額を淡々と投資し続けるやり方がよいと思います。

第10章 「株主優待」を上手に活用しよう

この章では、個人投資家に人気の「株主優待銘柄」について解説します。日本には「株主優待制度」という世界でも珍しい制度があります。上場企業が株主に感謝して贈り物をする制度です。

本来、株主には配当金を支払うことで利益還元するのが筋です。ところが、日本の個人株主の一部に、お金（配当金）をもらう以上に贈り物（株主優待）を喜ぶ風潮があることから、株主優待制度が存続しています。小売り・外食・食品・サービス業では、個人株主がそのままお客様（会社製品の購入者）になることもあるので、広告宣伝活動の一環として自社製品を優待品に積極活用する企業が多数あります。

とても魅力的な制度なので、積極的に活用したらよいと思います。ただし、「株主優待大好き」投資家の中に、株主優待だけ見て株価も業績も配当利回りも何も見ない人もいるのは、少し問題だと思っています。最初に、株主優待の魅力とリスクについて、これだけは知っておいてほしい5つのポイントを、解説します。

株主優待の魅力とリスク、これだけは知ってほしい5つのポイント

以下5つのポイントを理解しておいてください。

① 効率的に優待を獲得するには、最小投資単位（100株）で多数の銘柄に分散投資するのが有利。
② 優待券はぜひ使いたいと思うものから選ぶ。優待券を売却できることもあるが、売却額は、通常、自分で使う場合のメリット享受額より小さい。
③ 配当利回りも見て、総合的に有利なものを選ぶ。
④ 権利取り直前に株価が大きく上昇しているものは投資を避ける。
⑤ 業績不振銘柄や、不祥事を起こしている銘柄は避ける。

それでは、以下、1つずつ解説します。

①効率的に優待を獲得するには、最小投資単位（100株）で多数の銘柄に分散投資するのが有利

株主優待制度は、小口投資の個人投資家を優遇する内容となっています。なぜなら、株主優待制度は個人投資家数を増やすことを目的としていることが多いからです。

そのため、機関投資家には、株主優待制度に反対しているところが多数あります。優待制度はほとんど、小口投資家（主に個人株主家）に有利、大口投資家（主に機関投資家）に不利な内容となっています。以下は典型的な優待の一例です。

〔A社の優待内容〕

期末の株主名簿に記載されている株主に次ページ上の表の自社製品が届く。

その内容から、100株当たりどれだけの金額の優待なのかを計算したものが、その下の表です。

ご覧いただくとわかる通り、100株当たりの経済メリット享受額は、最小単位（100株）を保有する株主が1000円で最大です。保有株数の大きい株主は、1株当たりの優待受け取りが小さくなります。つまり、株主優待制度は少額投資の個人株主を優遇するものであることがわかります。

個人株主数を増やしたい上場企業が優待制度を積極活用し、個人株主にアピールしている

A社の優待内容

保有株式数	株主優待の内容
100株以上1,000株未満	1,000円相当のグループ商品詰め合わせ等
1,000株以上	2,500円相当のグループ商品詰め合わせ等

保有株式数	100株当たりの優待	計算方法
100株	1,000円相当	1,000円
200株	500円相当	1,000円÷2
500株	200円相当	1,000円÷5
1,000株	250円相当	2,500円÷10
10,000株	25円相当	2,500円÷100
100,000株	2.5円相当	2,500円÷1,000
250,000株	1円相当	2,500円÷2,500

（出所）楽天証券作成。

わけです。したがって、少ない資金で効率的に優待を取ろうと思う個人投資家は、最小単位でなるべく多くの銘柄に投資すべきです。

②優待券はぜひ使いたいと思うものから選ぶ。使わない場合、売れるものは売る

優待品（サービス）は、自分が必要とするもの、あるいは大好きなものから選んだほうがよいのは言うまでもありません。

人気の優待券に、外食業の「食事券」があります。有効期限（普通は1年）がついていますから、使わずに期限切れになればメリットを得られません。自宅や職場の近くに店舗がある、あるいはネッ

ト宅配に使えるなど、使いやすいものから選ぶことが大切です。

人気の株主優待券ですと、ネット上やチケットショップで売却できることもありますが、かなり割引されます。500円の食事券が400円で売れればいいほうです。500円の券が300円、あるいは250円でしか売れないこともあります。あまり人気のない優待券は、そもそも買い取りするチケットショップがないこともあります。

株主優待割引券（たとえば1割引券）は売れない場合が多く、自分で使う以外にメリットを得られないかもしれません。ただし、航空会社や鉄道各社が出す「株主優待割引券」はネットで売れるものが多いので、自分で使う予定がなければ売却しましょう。

航空会社（JALやANA）の株主優待割引券（国内線の運賃50%割引券）は、ネットで売却できます（21年4月30日時点）。現在、コロナ危機で需要が縮小して価格が下がっていますが、コロナ前までは人気がありました。自分で使わない場合は、売却したほうがよいと思います。ただし、売却金額は、自分で使う場合に得られる金額より低いのが普通です。

航空優待券は、その時々の需給によって価格が変動します。供給が増えるとき（優待券が株主に贈られるとき）に下がり、旅行需要が増えるときに上がる傾向があります。ネットで「株主優待券　売却」と検索すれば、さまざまなチケットショップが出している買い値を見ることができます。自宅や職場の近くにチケットショップがあれば、直接行って、売り値や買い値を問い合わせることもできますが、ネットで調べるほうが簡単です。

ＪＲ各社の株主優待割引券も、コロナ前は人気がありました。コロナが収束すれば、また人気が出ると思います。自分で使わない場合は、ネットで売却を検討しましょう。

なお、人気の株主優待割引券でも、有効期限までの期間が１カ月を切るなど短いと、売れないこともあります。使うあてがない場合は、早めに売却すべきです。

③配当利回りも考えて、総合的に有利なものを選ぶ

日本の個人投資家に、配当金よりも贈り物（株主優待）を好む傾向があります。しかし、それも度が過ぎると、非合理な行動につながります。株主への利益還元は、本来は配当金支払いによって行うのが筋です。配当金と株主優待を総合して、メリットの大きいところを選ぶべきです。

２０００円の自社商品（食べ物）を贈ってくれる会社を歓迎し、同じ投資金額で、５０００円の配当金（源泉税差し引き後では約４０００円）を払ってくれる会社を避けるといった非合理な行動をしていないか、考えてみてください。

株主優待の魅力的な銘柄ばかりでなく、優待はないが、安定的に高い配当利回りの出ている銘柄にも分散投資しましょう。

④権利取り直前に株価が大きく上昇しているものは投資を避ける

魅力的な株主優待で有名な銘柄には、優待の権利取り直前に株価が急騰し、権利落ち後に株価が急落するものもあり、注意を要します。優待の権利取り前に、株価が急騰している銘柄は、投資を避けるべきです。

株主優待目当てで株式投資している人には、いい意味でも悪い意味でも、日々の株価変動をあまり見ない人が多いようです。ストレスを感じずに、じっくり長期投資できるのは、よいことです。安定成長の小売株や食品株に投資して、気づかないうちに株価が倍以上に上昇していたということもあります。

ただし、株価を見ないことによる、困った面もあります。小型で人気の優待株は、権利取りの直前に株価が大きく上昇することがあります。そういう銘柄は、投資を避けたほうが賢明です。年2回（中間決算と本決算）に分けて優待を出す銘柄では極端な値動きは少ないですが、年1回（本決算のとき）だけ人気の優待を出す小型株では、権利取り前に株価が大きく上がる場合があります。そういう銘柄は、権利取りの直後に株価が大きく下がることが多くなります。年1回だけの人気の優待を取るためには、権利取りの1－2カ月くらい前、優待取りの買いが入る前に投資したほうがよいと思います。

⑤業績不振銘柄や、不祥事を起こしている銘柄は避ける

株主優待目当ての投資には、困った面もあります。以下の3点が挙げられます。

- 優待魅力に惹かれて投資する人の一部に、財務内容や企業業績をまったく見ないで投資する傾向がある。
- 優待魅力に惹かれて投資する人の一部に、株価をまったく見ない人もいる。気づかないうちに株価が大きく下落して損が膨らむこともある。
- 株主優待制度が突然廃止されることがある。

外食・小売り・サービス・航空業に人気の優待銘柄が多数ありますが、コロナ禍の直撃で業績が急激に悪化した銘柄もたくさんあり、注意を要します。コロナが収束すれば業績が回復すると期待できる銘柄ならよいのですが、コロナが収束しても回復が見通せない銘柄は、投資を避けるべきです。

株主優待は、個人株主にとってとてもありがたい制度です。しかし、株式投資である以上、構造的に業績が悪化している企業や、不祥事を起こしている企業は避けるべきです。

やってはいけない！　優待投資の3大失敗

続いて、優待投資でよく聞かれる以下3つの失敗談を説明し、こうした失敗を避けるため

の知恵を解説します。

失敗談1 業績や財務に問題のある銘柄に投資。株価下落
失敗談2 優待廃止や減配で株価が下落したところで買い増し。株価がさらに下落
失敗談3 優待券を使わないうちに、いつも有効期限が切れる

失敗談1 業績や財務に問題のある銘柄に投資。株価下落

一番よく聞く失敗談は、業績や財務に問題のある銘柄に投資して、株価が下がってしまったという話です。

人気優待銘柄には、小売り・食品・サービスなど消費関連株が多数あります。消費関連株には、過去10年、アジアや国内で売上を伸ばし、株価が大幅に上昇した銘柄が多数あります。優待の魅力で投資して、「気がつかないうちに、株価が2倍以上になっていた」という話もよく聞きます。それが、いい意味で株価を見ないということです。イオンや日本マクドナルドHDがその例です。

株価を頻繁に見ていると、株価が10%くらい上がっただけですぐに利益確定してしまい、その後の大きな上昇を取り損なうことが多くなります。いい意味で株価を見ない優待投資家は、長期的に上昇トレンドをたどる消費成長株をすぐに売ってしまうことがありません。

イオン株価の推移（月次、2010年1月-2021年4月）

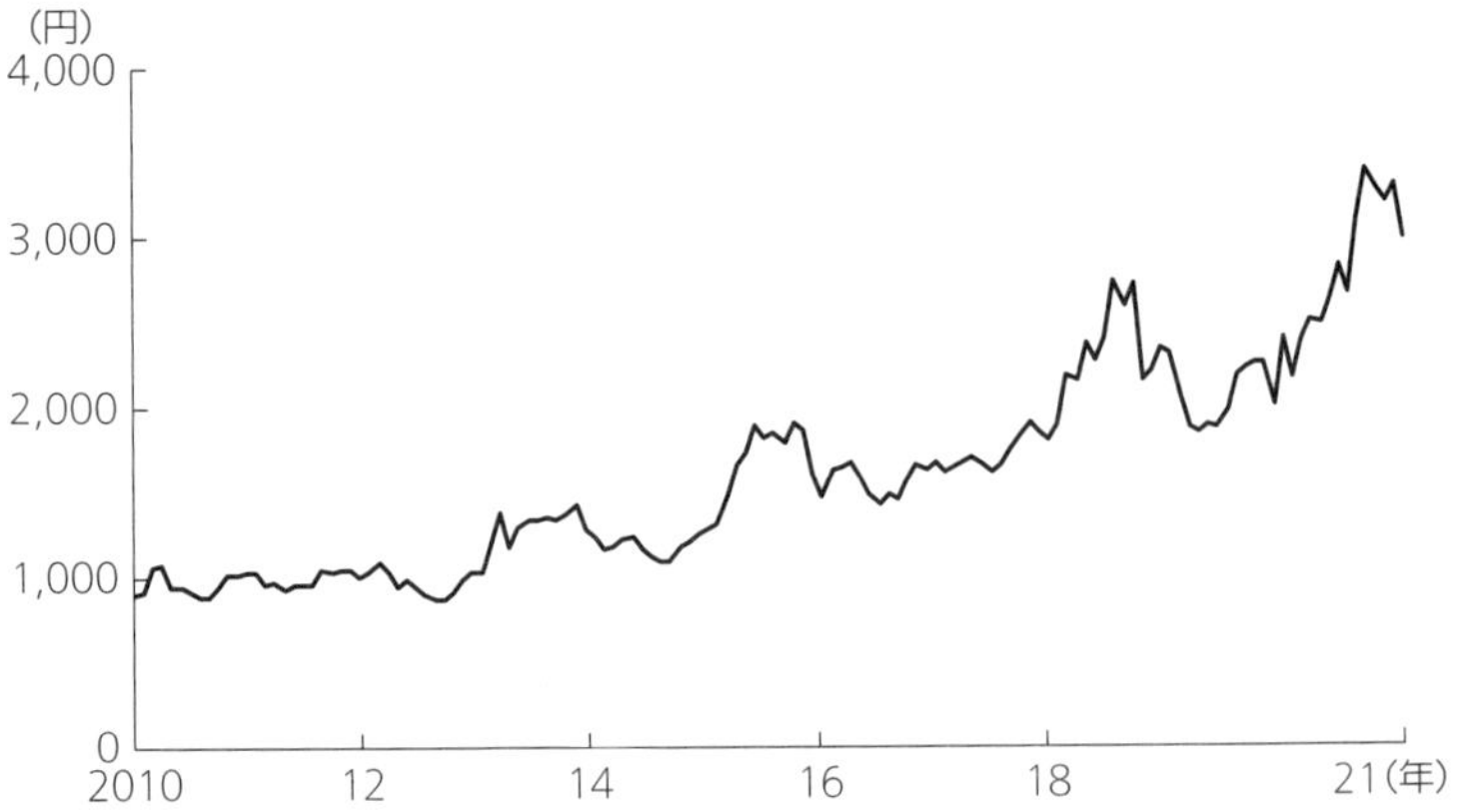

（出所）QUICK

同じ話の裏表ですが、業績も株価も見ていないうちに、株価が大幅に下がっていたということもあります。消費関連の人気優待銘柄には、20年のコロナ禍で大きなダメージを受けたところが多数あります。特に、外食業は、甚大なダメージを受けました。構造不況に陥り、財務に不安が出ている銘柄は売却すべきです。

ただし、コロナ禍で一時的に利益が悪化しているだけの銘柄は、売る必要がありません。コロナが収束すれば、元の元気企業に戻ると判断できるなら、そのまま継続保有しましょう。

と言われても、「一時的に悪化しているのか構造的にダメになっているのか、どうやって判断したらいいかわからない」という人も多いでしょう。以下のような基準をもって損

日本マクドナルドHD株価の推移（月次、2010年1月-2021年4月）

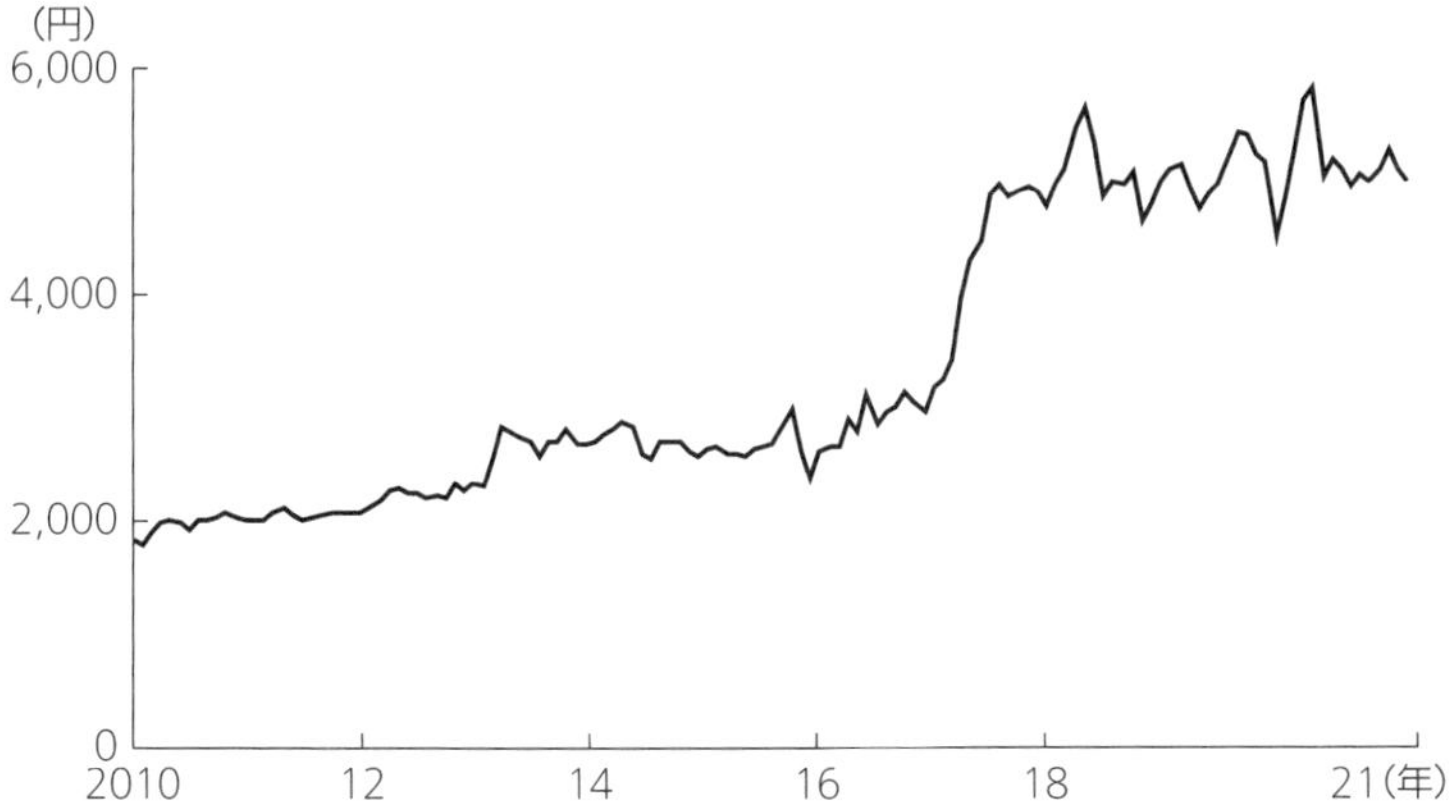

（出所）QUICK

切り売却の判断をするのも、リスク管理上、大切な知恵です。

① 株価が買い値より20％以上、下がったら売却

株価が買い値より20％以上、下がるということは、一時的ではなく何か構造的な問題を抱えている可能性があります。20％の損切りルールを持っておけば、半値になるまで放っておくという問題を抱えないで済みます。

もちろん、20％下がったところが大底で、そこから反発する銘柄もあります。そういう銘柄は「売らなければよかった」と、後悔する人もいるでしょう。

私はファンドマネージャー時代、損切りしてから株価が反発しても、後悔することは一切ありませんでした。20％下がってから反発

する銘柄よりも、20％下がってから下げが加速する銘柄のほうが、はるかに多かったからです。

20％も下がる銘柄を買ってしまったということは、買う時点で何か重大な判断ミスをしていた可能性があります。いったん売却して頭を冷やしてから、別の有望銘柄を見つけて投資したほうがよい結果につながるでしょう。

②財務に不安が出た銘柄は、問答無用で売り

景気悪化局面で業績が悪化し、株価が下がっているだけならば、一時的な問題と考えられます。景気がよくなれば、また業績も株価も回復すると考えられます。

ただし、業績だけでなく財務も悪化し、資金繰りに不安が出ている場合は、問答無用で売却しましょう。

「政府系金融機関が支援を検討」「銀行から派遣されている役員が辞職して引き上げた」「資金繰りに苦しんでいる」などのニュースは、財務に問題があることを示します。そういう銘柄は売却すべきです。

と言われても、そんな難しい判断はできない、という人も多いかと思います。そういう場合は、①のルールで売却すればよいと思います。財務に不安が出る銘柄は20％以上株価が下がることが多いので、それで売却判断ができます。

③優待廃止、減配を発表したら、売り

一時的に業績が悪化しているだけならば、日本企業はなるべく配当や優待を維持しようとします。ところが、構造的に収益が悪化、あるいは、財務に不安が出た場合は、優待廃止・減配に動かざるを得なくなります。

人員削減を始める企業も要注意です。日本企業は、一時的に業績が悪化しても、雇用だけは何とかして守ろうとするからです。人員削減に動く企業は、財務的に厳しくなってきており、優待廃止や減配に踏み切る可能性が高いです。従業員に痛みを強いる中で株主への還元は維持するわけにはいかなくなります。

失敗談2 優待廃止や減配で株価が下落したところで買い増し。株価がさらに下落

（失敗談1）で説明した通り、優待廃止や減配を発表した銘柄は、損切り売却すべきです。最悪なのは、損切りせずに逆に下がった銘柄をさらに買い増しすること。企業内容をよく調べて、業績が改善すると予想して買うならばよいですが、ただ株価が下がったというだけで買い増しするのは、傷を深めることになるので厳禁です。

私がファンドマネージャーの時、よくわからない理由で保有銘柄が急落した時は、理由を考える前に売却していました。理由を考えているうちに、どんどん下げが加速することが多かったからです。理由は、かなり時間がたってからわかることもあり、理由がわかった時で

は遅すぎます。

失敗談3 優待券を使わないうちに、いつも有効期限が切れる

人気の優待券に、外食業の「食事券」があります。有効期限1年と定められていることが普通ですから、使わずに失効してしまえば、メリットを得られません。いつも優待券を使わないうちに失効させてしまう人は、自社製品（食品や飲料の詰め合わせ）などを送ってくる優待に切り替えたほうがいいでしょう。製品を送ってくる優待ならば、メリットを取り損ないで済みます。

人気優待銘柄から配当利回りの高いものを選ぶ

一部の「優待好き」投資家に、優待品の魅力ばかり見て、配当利回りを見ていない方がいるのには、首をかしげます。配当利回りを見ず、ひたすら優待品だけ見て投資するのは合理的ではありません。

理想的には、「株主優待と配当利回りが両方とも魅力的な銘柄」を選んで投資したいところですが、意外にありそうでありません。配当利回りの高い会社には、「株主への利益還元は、配当金でやるべき」という考えを持っていて、株主優待を行わない企業が多いからです。

ただし、一生懸命探せば、優待も配当利回りも魅力という銘柄を見つけられます。そこで、21年4月30日時点で楽天証券の「株主優待検索」で、優待人気上位15社に入っている銘柄の中から、予想配当利回りが3・5％以上の銘柄を選びました。ただ、アナリストとしては、それだけで選ぶことはできません。収益力が堅固な銘柄を選ばなければなりません。そこで、21年3月期または20年12月期の営業利益率が10％以上の銘柄に絞りました。以下の4銘柄は、その条件を満たしています。

1つ注意事項があります。優待内容は、予告なく変更されることがあります。常に、企業のHPなどで最新の情報を確認してください。たとえば、オリックスの場合、「オリックス優待」で検索をかけると、ネットで情報を見ることもできます。

・日本たばこ産業（JT）の投資魅力

JTは、12月決算銘柄です。中間決算期末（6月末）と、本決算期末（12月末）の株主は配当金を受け取る権利が得られます。予想配当利回り（市場予想ベース・6月と12月の配当金を合わせたベース）は、21年4月30日時点で6・6％です。配当利回りの高さが魅力的です。

JTは優待でも人気です。年1回、12月末時点で「1年以上継続保有」している株主に、株主優待品（自社製品・食品など）を受け取る権利を付与します。

優待人気上位15社のうち、予想配当利回り3.5%以上、営業利益率10%以上の4社（2021年4月30日時点）

（金額単位：円）

コード	銘柄名	株価4月2日	配当利回り	営業利益率	優待内容
8591	オリックス	1,757.5	4.5%	11.3%	自社製の食品など
2914	日本たばこ産業	2,044.0	6.6%	22.4%	カタログギフト等
9433	KDDI	3,306.0	3.9%	19.5%	カタログギフト
9432	日本電信電話	2,755.0	4.0%	14.0%	dポイント

（注）配当利回りは、1株当たり今期年間配当金（QUICKコンセンサス予想）を4月30日の株価で割って算出。今期とは日本たばこ産業は21年12月期、他は22年3月期。営業利益率は、実績ベース。日本たばこ産業は20年12月期、他は21年3月期。

ここで、1つ注意があります。21年中に投資しても、21年12月末基準の優待は得られないことです。最初に優待の権利が得られるのは、22年12月基準からとなります。21年中に投資しても、21年末では保有期間がまだ「1年以上」にならないからです。

株式市場ではJTは不人気ですが、私は安定高収益の高配当株として高く評価しています。

・オリックスの投資魅力

オリックスは3月決算企業です。中間決算期末（9月末）と、本決算期末（3月末）に配当金を得る権利が確定します。予想配当利回り（市場予想ベース）は、4月30日時点で4・5%です。

オリックス株を保有すると、配当金とは

別に年1回（3月末）、優待品を受け取る権利が確定します。ふるさと優待カタログBコースから、1点選んだものが贈呈されます。

オリックスは、長期保有の株主は優待内容がランクアップする制度をとっています。3年以上オリックス株を保有する株主には、1ランク上のふるさと優待カタログAコースから、1点を選ぶことができます。

カタログギフトとは別に、半期ごとに贈られる株主カードを使えば、オリックスグループが提供する各種サービスを割引価格で利用できる特典もあります。

オリックスはリース事業を中核に多面的な業務展開で安定的に高収益をあげていく力を持っていると私は評価しています。コロナ前、19年3月期の純利益は3237億円と5期連続で最高益を更新していました。コロナ禍の影響を受け、21年3月期の純利益（市場予想）は2002億円まで落ち込みますが、22年3月期には2517億円まで回復する見通しです。コロナが完全に収束すれば、いずれ最高益を更新する力があります。

・KDDIの投資魅力

KDDIは3月決算企業です。中間決算期末（9月末）と、本決算期末（3月末）に、配当金を得る権利が確定します。予想配当利回り（市場予想ベース）は、4月30日時点で3.9%です。

ＫＤＤＩ株を保有すると、配当金とは別に、年1回（3月末）、優待品を受け取る権利が確定します。同社が注力する総合通販サイト「au Pay マーケット」より、「全国のグルメ品」から自由に選べるカタログギフトが贈呈されます。

ＫＤＤＩは、長期保有の株主ほど優待内容がランクアップする制度をとっています。１００株を保有する場合、保有期間５年未満の株主には３０００円相当、５年以上保有すると５０００円相当のカタログギフトが贈呈されます。詳しい内容は同社ＨＰで確認してください。

ＫＤＤＩ株は、携帯電話事業の競争激化懸念から株価の上値が重くなっていますが、業績は好調です。世界景気に影響されずに安定成長を続け、21年3月期に19期連続の増配を予定しています。携帯電話収入は減少し始めていますが、通信と融合したライフデザイン事業の利益拡大によって、成長を続けています。これからも安定高収益を維持していくと予想します。

・日本電信電話（ＮＴＴ）の投資魅力

ＮＴＴは3月決算企業です。中間決算期末（9月末）と本決算期末（3月末）に配当金を得る権利が確定します。予想配当利回り（市場予想ベース）は4月30日時点で４・０％です。

それに加え、21年3月期から株主優待制度を新設しました。本決算期末（3月末）に

100株以上、2年以上保有し、所定のエントリー手続きをした株主にdポイントを贈呈します。2年以上3年未満保有する株主には1500ポイント、5年以上6年未満保有する株主には3000ポイントを贈呈します。

ただし、1つ注意が必要です。21年4月以降に投資しても優待が得られるのは2年以上先の24年3月末からとなることです。21年6月に投資しても、22年3月末、23年3月末は保有期間が2年に満たないので優待を得られません。ただし、配当金は得られます。高配当利回り株として投資し、2年後にはdポイント1500ポイントの優待が得られ、5年後には3000ポイントが得られると考えてください。

20年にNTTは、上場子会社NTTドコモに対してTOB（株式公開買付）を実施し、完全子会社にしたことで話題になりました。ドコモを取り込んで、NTTグループの総合力を強化したメリットは大きいと思います。

NTTが分割民営化されたのは、通信の競争促進を図る目的からです。NTTドコモを分離上場したのは、ドコモがNTTの完全子会社では、NTTグループの力が強くなりすぎると考えられたからです。そのドコモが再び完全子会社となったことで、NTTグループの力はさらに強化されるでしょう。

国内通信インフラを保持するのに欠かせないNTT東日本・西日本に加え、収益頭のNTTドコモを完全に取り込み、さらにNTTデータなどの成長事業を有するNTTグループの投資価値は高いと判断します。高配当・優待人気銘柄として、長期投資していく価値があります。

「2月の株主優待」人気トップはイオン

株主優待で個人投資家に大人気の銘柄にイオンがあります。中間決算期末（8月末）または本決算期末（2月末）に、100株以上保有する株主に贈られる「株主ご優待カード（オーナーズカード）」を使って買い物すると、持ち株数に応じて、半年ごとにキャッシュバックされます。イオンで頻繁に買い物をする個人投資家にとっては非常にメリットの大きい優待です。

そのほかに、3年以上保有する長期株主に対する優待もあります。

詳しい内容は、イオンHPで確認してください。また、優待内容は予告なく変更されるこ

イオンのオーナーズカード優待、長期株主優待

【オーナーズカード】

保有株数	返金率	半年で100万円買い物した場合の返金額
100株-499株	3％	3万円
500株-999株	4％	4万円
1,000株-2,999株	5％	5万円
3,000株以上	7％	7万円

【3年以上保有の株主に優待追加】

2月末の保有株数	贈呈されるイオンギフトカード金額
1,000株-1,999株	2,000円
2,000株-2,999株	4,000円
3,000株-4,999株	6,000円
5,000株以上	10,000円

（出所）イオンHP

イオンの連結売上高・営業利益・純利益推移
(2018年2月期実績-2022年2月期予想)

	2018年2月期実績	2019年2月期実績	2020年2月期実績	2021年2月期実績	2022年2月期市場予想
売上高	8兆3,900億円	8兆5,182億円	8兆6,042億円	8兆6,039億円	8兆8,060億円
営業利益	最高益 2,102億円	最高益 2,122億円	最高益 2,155億円	1,505億円	最高益 2,286億円
純利益	245億円	236億円	268億円	▲710億円	367億円

(出所) 同社決算資料。市場予想は21年4月30日時点のQUICKコンセンサス。

ともありますので、最新の内容を確認してください。

イオンは楽天証券「株主優待検索」で長年、2月の優待銘柄で人気トップ(注)の座を維持しています。

(注) 2月優待で人気トップ：2月に株主優待を得る権利が確定する銘柄は141あります。楽天証券のお客様で保有している株主の数が多いほど「人気が高い」と判断し、保有株主数の上位銘柄をランキングしています。人気トップはイオン、第2位はビックカメラ、第3位は吉野家HDです(21年4月30日時点)。

4－5年前まで、イオンは「優待は人気でも業績はイマイチ」というイメージが付きまとっていました。大手スーパーや百貨店などの総合小売業は、長らくユニクロ、ニトリ、無印良品などの専門店や、セブン-イレブン、ローソンなどのコンビニに売上を奪われて、衰退していくイメージがあったからです。

百貨店の衰退は今でも続いていますが、大手スーパーは変わりました。とりわけイオンは大きくビジネスモデルを変え、小売業の勝ち組に返り咲きました。

まず、過去4期の業績推移と22年2月期業績（市場予想）をご覧ください。

イオンは、構造改革の成果で、18年2月期に連結営業利益で過去最高益を更新しました。ただし、グループ各社の再編にコスト（特別損失）が出るので、連結純利益は最高益に届いていません。

グループ会社の再編コストが毎年出るので純利益は低いままですが、営業利益は18年2月期から20年2月期まで3期連続で最高益を更新しました。その間、人手不足・人件費上昇・天候不順・消費増税（19年10月）と悪材料が続きましたが、イオンは金融・不動産・ドラッグストア・海外の利益を伸ばすことで、営業最高益を更新し続けました。

21年2月期は、コロナ禍で一時営業停止があった影響で、大幅減益となりましたが、下半期から業績は急回復し、第3四半期（20年9−11月期）には営業利益342億円と、9−11月期としての最高益をあげました。今期（22年2月期）、通期で再び営業最高益を更新すると予想します。

イオンは魅力的な空間を作って「小売り＋金融＋不動産」で稼ぐビジネスモデルを確立

ここから、イオンが勝ち組小売業に返り咲くのに寄与した構造改革について解説します。まだ構造改革が完了したわけではありませんが、既に大きな成果が出ています。コロナが完全に収束すれば、イオンは小売りの成長企業として復活すると予想しています。

不採算店舗の整理など構造改革によって特別損失が出続けるので、連結純利益が最高益に達するのは3~5年先になると考えられますが、営業利益では最高益の更新が毎期続くと予想しています。

総合小売業である百貨店や大手スーパーが衰退し、ユニクロ・ニトリなどの専門店（カテゴリー・キラー：特定分野の勝者）が成長する時代がずっと続くイメージがありました。そうした中でイオンだけは総合小売業として生き残るビジネスモデルを確立して、復活しました。

イオンの復活の背景には何があるのでしょうか？　それはイオンのセグメント情報を見るとよくわかります。21年2月期はコロナの影響で業績が異常値となっているため、コロナ前の20年2月期のセグメント情報を見てみましょう。この期は、営業利益が2155億円で、過去最

イオンの2020年2月期セグメント別営業利益

（金額単位：億円）

セグメント名	セグメント利益（営業利益）	構成比
GMS（総合スーパー）	72	3%
SM（その他スーパー）	215	10%
ヘルス&ウエルネス	356	17%
総合金融	705	33%
ディベロッパー（不動産）	633	29%
サービス・専門店	45	2%
国際（海外の小売事業）	108	5%
その他　および　調整額	21	1%
合計	2,155	100%

（出所）同社決算資料より作成。

高益を更新しています。その内訳をセグメントに分けたのが上の表です。

この期は、構造改革の成果で、全セグメントが黒字化しました。ただし、全体の利益に大きく貢献しているのは、ＧＭＳ（総合スーパー）やＳＭ（その他スーパー）などの小売業の利益ではありません。

総合金融（クレジットカードや銀行業など）、ディベロッパー（主にイオンが運営するショッピングセンターに入居している専門店から入るテナント収入）の2部門で、全体の営業利益の62％を稼ぎ出しています。小売業なのに小売りが利益の中心ではない、「脱小売業」を進めたことがイオンの復活につながっています。

以前のイオンは、有力な専門店と競合する存在でした。ところが、今のイオンは、有力専門店と競合するのではなく、その競争力を取り込む戦略に転じています。イオンのショッピングセンターに行けばわかりますが、総合スーパーは専門店と競合する存在ではありません。ユニクロなど人気の専門店を積極的に取り込み、ショッピングセンター全体の魅力を高める戦略を取っています。

自前の売り場は、競争力のある生鮮食品や、競争力のあるプライベートブランド（トップバリュ）などに限定し、専門店と競合するナショナルブランドの衣料品や雑貨を縮小しています。つまり、イオンは専門店と競合せず、共存する存在になっています。

外部テナントを取り込むと、そこからは賃貸収入が入ります。今やショッピングセンターは小売業（自前の売り場）と、不動産業（テナント管理）のミックスとなっています。さらに、魅力的なGMSを全国に展開することで、クレジットカードや銀行などの総合金融業の利益成長も見込めます。

自前の売り場にこだわらず、魅力的な空間を作ることで稼ぐ発想は、小売業というよりはサービス業です。イオンはサービス業の発想で、総合スーパー事業を衰退ビジネスから再び成長するビジネスに変えたのです。

なお、イオンの成長を担っているのは、金融・不動産だけではありません。ヘルス&ウエルネス事業（ドラッグストア）の利益も成長してきました。上場子会社のウエルシアHDの成長が取り込まれています。ここは総合スーパーとは異なるビジネスです。ドラッグストアという成長分野を捉えて、専門店として成長しています。

国内だけでは成長は頭打ちに。海外事業の利益拡大に期待

国内で高い競争力を有する小売業に返り咲いたイオンですが、国内だけでビジネスをやっていたら、いずれ頭打ちになります。人口が成長するアジアで利益を拡大していかなければ、中長期の成長は見込めません。

イオンはASEAN（東南アジア）、中国に進出し、アジアで収益を拡大しています。初期コストの回収も終え、海外事業が黒字化しています。ただし、海外でも小売業ではあまり

稼げていません。そのことは20年2月期のセグメント情報からわかります。前期、事業別セグメントの「国際」部門の営業利益は108億円で、全体に占める割合は5%しかありません。

ただし、海外でも金融・不動産の利益が拡大しているため、海外部門全体ではもっと利益を稼いでいます。総合金融・ディベロッパーセグメントに属する、海外部門の営業利益まで加えると、前期は営業利益の約2割を海外で稼いでいます。海外事業が既に利益の重要な構成要素となっていることがわかります。

コロナ収束後には、再び海外利益が拡大し、全体に占める構成比は2年以内に3割まで上昇すると予想します。

「株主優待は欲しいが、株価下落リスクは負いたくない」なら「つなぎ売り」

次に、「優待ただ取り」と言われる手法について解説します。ネットで「優待ただ取り」と紹介されることが多いのですが、正確に言うと「株主優待を低コスト・低リスクで得る方法」です。取引手数料・貸株料などのコストがかかります。

外食・小売業には魅力的な株主優待を実施している人気銘柄が多数あります。ところが、外食・小売業は、コロナ禍で深刻なダメージを受けました。優待を得るために投資しても株価が下がってしまうかもしれないという不安もあります。

そんな時、信用取引の一種で「つなぎ売り」を使うことができます。「つなぎ売り」を活用することで、株価下落リスクを負わずに優待を獲得できます。「つなぎ売り」は信用口座を開設しないとできません。以下の方法で優待取りを行うことができます。

優待取り「つなぎ売り」のイメージ図

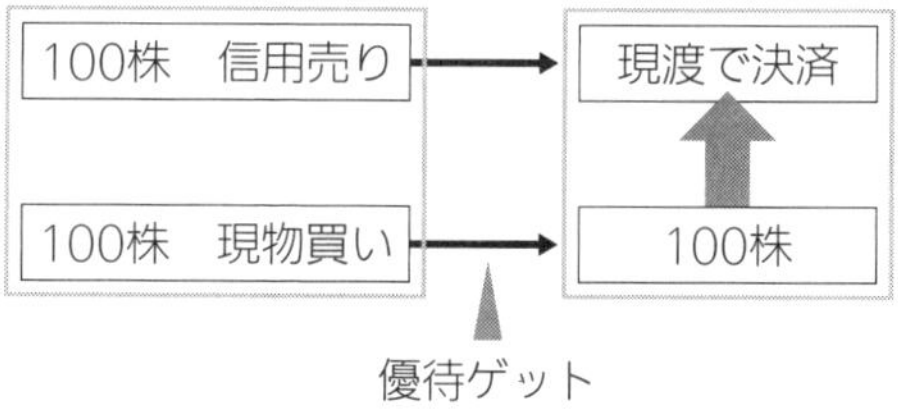

（出所）筆者作成。

参考 つなぎ売り

株を借りてきて売ることを、「信用売り」と言います。株を持っているが、持っている株を売らず、別途借りてきた株を売ることを「つなぎ売り」と言います。株を保有したまま、株が値下がりするリスクをヘッジする効果があります。この状態で、権利確定日を迎えると、優待をもらう権利が確定します。権利が確定したら、保有している株を借りてきた株の返済に充てれば、取引が完結します。保有株を返済に充てることを「現渡（げんわたし）」と言います。

参考 から売り

保有していない株を借りてきて売ることを「から売り」

と言います。から売りした株が値下がりした後に買い戻せば、利益が得られます。たとえば、1000円でから売りした株が900円に値下がりしてから買い戻せば、1株につき100円の利益が得られます。ただし、から売りした株が値上がりしてから買い戻すと、損失が発生します。

「つなぎ売り」のやり方

「つなぎ売り」は信用取引の一種です。以下の方法で優待取りに使うことができます。

21年9月末に100株保有すると、魅力的な株主優待が得られる銘柄を「A社」として、解説します。以下の2ステップで優待取りが完結します。

〈ステップ1〉

A社100株の「買い」とA社100株の信用取引の「売り」を両方とも行います。買ってから売っても売ってから買っても、どちらでも問題ありません。同じ価格で行うのが理想です。

21年9月末基準の優待を得るためには、9月28日（権利つき最終売買日）までにステップ1を行う必要があります。9月28日までにステップ1を行い、9月29日（権利落ち日）までポジションを持つと、9月末基準の優待を得る権利が確定します。

〈ステップ2〉

優待の権利を得たら、速やかに（原則9月29日に）現渡で決済してください。現渡とは、保有するA社株100株を信用で売建（うりたて）しているA社株100株の返済に充てることです。これで「優待取り」は完結です。

9月30日に現渡することも返済期限内なので可能ですが、貸株料を払う期間が長くなるので忘れずに29日に現渡しましょう。

ステップ1でA社100株の「買い」と「信用売り」を同じ価格（たとえば1000円）で行えば、株価が上がっても下がっても損も得もしません。

株価が1000円から900円まで下落すると、買った株に1万円（値下がり100円×100株）の含み損が発生しますが、同時に信用で売った100株には1万円の含み益が発生します。合わせると損も得もしません（売買手数料は考慮しないベース）。

逆に、株価が1000円から1100円まで上昇すると、買った株に1万円の含み益が発生しますが、同時に信用で売った株に1万円の含み損が発生しますので、合わせると損も得もしません。

「優待は欲しいが、株価下落リスクは負いたくない」時に有効な方法です。優待の権利を得たら、速やかに現渡で決済してください。それで完結です。

21年9月末基準の優待取り、権利付き最終売買日

日	月 祝	火	水	木 祝	金	土
19	20	21	22	23	24	25
日	月	火	水	木		
26	27	28 権利付き最終売買日	29 権利落ち日	30 権利確定日		

（出所）筆者作成。

参考 「権利付き最終日」は、月末から数えて 2営業日前

約定日から受渡日までの日数は2営業日です。したがって21年9月末の株主に贈られる株主優待の権利を得るためには、２０２１年9月の最終営業日・9月30日（木）の2営業日前である9月28日（火）までに株を買わなければなりません。

何を言っているか意味がわからない人のために、簡単に言葉の説明をします。

（約定日）＝株の売買をする日

（受渡日）＝株の買い手が株主になる日、株の売り手が株主でなくなる日

（営業日）＝証券取引所が開いている日。土曜日・日曜日・祝日は含まれない。

月末基準の優待・配当を得るための「権利付き最終売買日」

年月	権利付き最終売買日	権利落ち日	権利確定日
2021年6月	28日（月）	29日（火）	30日（水）
7月	28日（水）	29日（木）	30日（金）
8月	27日（金）	30日（月）	31日（火）
9月	28日（火）	29日（水）	30日（木）
10月	27日（水）	28日（木）	29日（金）
11月	26日（金）	29日（月）	30日（火）
12月	28日（火）	29日（水）	30日（木）
2022年1月	27日（木）	28日（金）	31日（月）
2月	24日（木）	25日（金）	28日（月）
3月	29日（火）	30日（水）	31日（木）

（出所）筆者作成。

株を買ったら、すぐに株主になれると思う人もいるかもしれませんが、そうではありません。株の売買結果に基づいて株主名簿が書き換えられるまでに2営業日かかります。

21年6月以降に優待の権利が確定する銘柄の権利付き最終売買日は、上の表の通りとなります。

21年9月末日に配当金や優待の権利を得る銘柄を例に上の表を説明します。9月30日（木）に株主名簿に掲載されていないと、9月末基準の配当金や優待を得る権利は得られません。

9月30日に株主名簿に掲載されるためには、その2営業日前の9月28日（火）までに株を買う必要があります。そうすると、9月末の株主に与えられる配当金や株主優待を得る権利が得られます。

したがって、9月末基準の優待を得るための株の買いとつなぎ売りは、9月28日までに行う必要があります。

つなぎ売りを使った優待取りにかかるコストが、優待で得られるメリットよりも、大きくならないように注意

最初にお伝えしたように、「優待ただ取り」はできません。売買手数料や貸株料などのコストがかかります。優待取りにかかるコストが、優待で得られるメリットより大きくならないように注意する必要があります。

A社100株のつなぎ売りにかかる主なコストは以下の通りです。

- A社株100株の買い付けにかかる手数料
- A社株100株の信用売りにかかる信用取引手数料
- 信用売りするA社株100株を借りるための貸株料

その他、制度信用で信用売りした場合、まれに「逆日歩（ぎゃくひぶ）」と言われるコストがかかることもあります。楽天証券の一般信用・短期を使う場合は逆日歩は発生しません。

優待の権利が得られるメリットのほうが大きい場合が多いので、こうしたコストがかかっても、やってみる価値はあります。

おわりに

「老後2000万円問題」が残したもの

金融庁が2019年6月3日、「老後資金2000万円報告書」(注)を発表したところ、大騒ぎになりました。老後資金として年金のほかに2000万円が必要という試算値が物議を醸し、「老後2000万円問題」としてクローズアップされたのです。

(注)「高齢社会における資産形成・管理」報告書。金融審議会市場ワーキング・グループによる報告書

報告書の内容はきわめて妥当でした。もっとも、人によって老後に必要な金額は大きく異なるのに、一定の条件のもとで試算した平均値に過ぎない「2000万円」が独り歩きしたのは問題でした。

この報告書が出てから、将来のために「月々1万円」のように積み立てで投資を始める人が大幅に増えました。その意味で報告書は効果がありました。一方で、「老後2000万円問題」をネタに、老後不安をあおる不適切な投資勧誘も行われました。大切な退職金を、高い手数料を取られる高リスク商品にあわてて投じてしまう人もいます。

金融庁の報告書の意図するところは、国民一人ひとりが適切にリスク管理をした上で老後のための投資を考えるきっかけにしてほしい、ということでした。「長期投資・分散投資・積み立て投資」など、リスク管理のノウハウはとても重要です。

今の日本の個人投資家に「適切にリスクを管理」するノウハウが十分に浸透しているとは思えません。「投資をほとんどやらない」人が多い一方、一部に投資商品の中身をきちんと理解しないまま、「過剰なリスクを取る」人がいます。

本書を通じて、投資のリスクを適切に管理した上で「高配当利回り株」などに投資する方法を解説しました。私が25年間、日本株のファンドマネージャーをやってきた経験に照らし、今の日本株には魅力的なバリュー（割安）株がたくさんあり、高配当利回り株に時間分散しながら投資していくことが、長期的な資産形成に寄与するという考えをお伝えしました。

高配当利回り株とは言っても株式投資ですから、「株価が日々変動するリスク」を負う必要があります。元本割れリスクもあります。それでも、そのリスクを適切に管理することで、ゼロ金利時代に魅力的な利回りが得られる可能性が高いと考えます。

一方で、取るべきでないリスクを取ってしまう個人投資家が依然として多いことには、懸念を感じています。日本の個人投資家が「株式投資」にきわめて慎重な一方、「利回り」という言葉に弱く、高利回りを謳う高リスク商品に簡単にひっかかってしまう人がいることに憂慮しています。

そこで、本書の最後に「やってはいけない利回り投資の大失敗」について解説します。

1つクイズを出します。答えは後段に掲載しています。

クイズ 投資するなら、どっち？

AかBどちらかに必ず投資しなければならないとして、どちらか選んでください。

A　社債（円建て・10年固定利付き・残存5年で利回りは年12％）

B　個人向け国債（5年固定利付き・利回りは年0・05％）

答えを述べる前に、まず、日本の個人金融資産の現状を見てみましょう。

日本の個人投資家は農耕型？

投資に対する個人投資家のスタンスは、欧米は「狩猟型」、日本は「農耕型」と言われることがあります。欧米の個人投資家は、動くものを追いかける、つまり株式投資を好みます。一方、日本の個人投資家は、コツコツと貯蓄しながら毎年一定の収穫を受け取る、つまり預金や債券投資を好む傾向があります。

それは統計上、はっきり表れています。

家計の金融資産構成・日本・米国・ユーロ圏比較（2020年3月末時点）

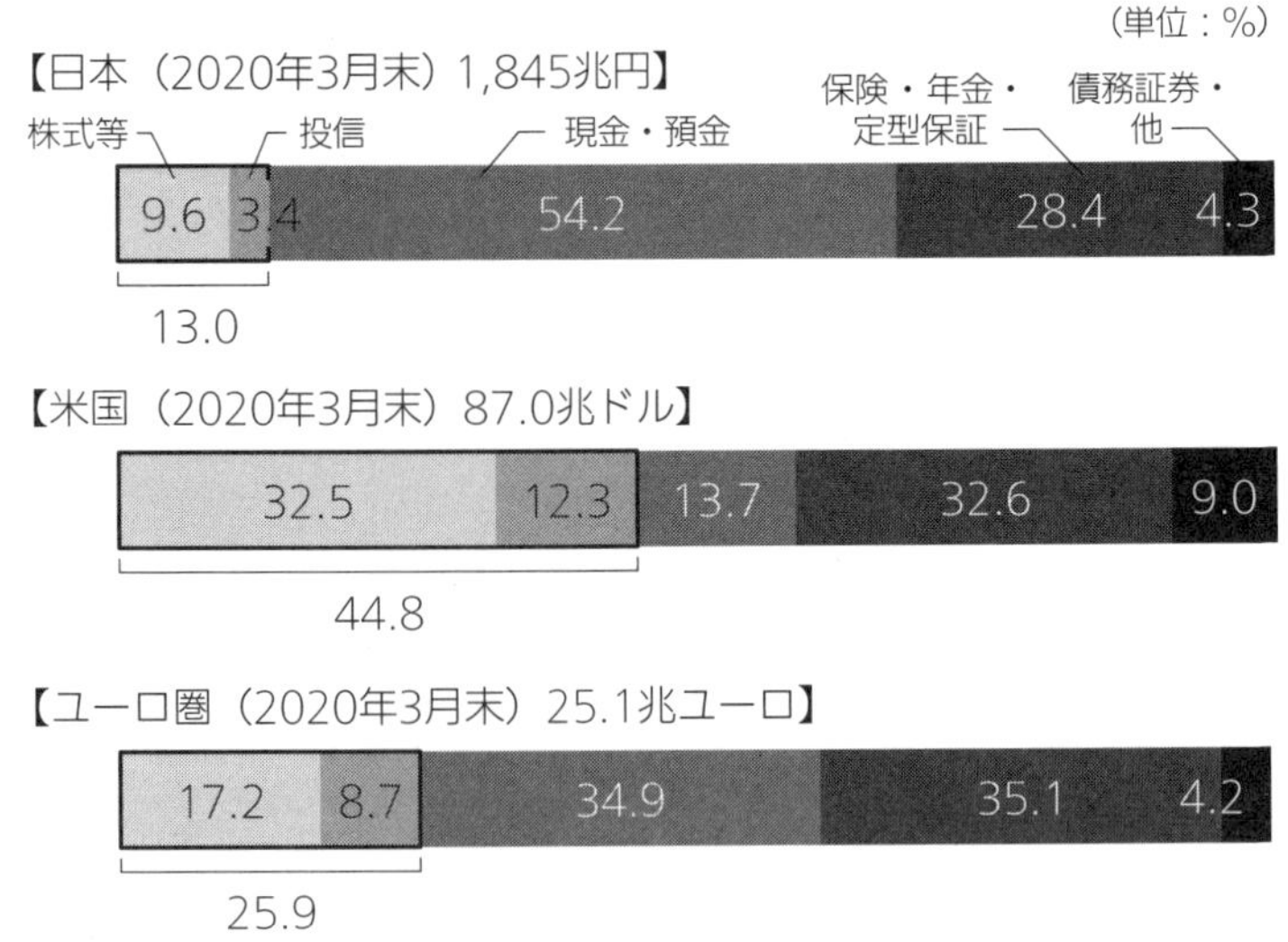

（出所）日本銀行「資金循環の日米欧比較」2020年8月21日より作成。

株式等と投信を加えた、相対的にリスクの高い資産への投資比率は、米国が44・8%、ユーロ圏25・9%に対し、日本はたったの13・0%です。日本の個人がいかに投資をしていないかがわかります。

20年3月時点で日本の家計の金融資産1845兆円の54・2%がほとんどリターンを生まない「現金・預金」に眠っています。きちんとリスクを管理しながら株などに投資していけば、5%くらいのリターンを稼ぐ可能性があるのにもったいないことです。

やってはいけない、利回り投資の大失敗

08年9月15日、米国の大手投資銀行リーマン・ブラザーズ・ホールディングスが経営破綻しました。それをきっかけに、世界中で株が暴落しました。「リーマンショック」と言われる危機の勃発です。9月16日には、同社が発行していたサムライ債（円建て外債）がデフォルト（債務不履行）となりました。

この時、日本の個人投資家にも大きな損失が生じました。中には驚くべき事例もありました。Kさんは、出たばかりの退職金のほとんどすべてをリーマン債に投資していました。なぜ、大切な老後資金をそのような危ない投資につぎ込んでしまったのでしょうか。「老舗の大手金融機関の発行だったから投資してしまった」ということでしたが、それだけが理由ではないと思います。

債券だったから、しかも円建てだったから、確定利回りと誤認して安心して大金を投じてしまったということだと思います。もし、誰かがKさんに「欧米の老舗大手金融機関の株」への投資を勧めても、Kさんは決して投資しなかったでしょう。もし、投資したとしても、少額だったでしょう。なぜならば、Kさんは「株のような危険なものに、大切な老後資金を投資できない」と考えていたからです。

日本には、Kさんのようにリスクを取ることにきわめて慎重なのに、「ちょっと利回りが

いい債券」と聞くと、なんの警戒もせずに投資してしまう人がたくさんいます。

それがわかっているから、日本の金融機関は株でもなんでも「債券」に形を変えて売ろうとします。以下のような「仕組債」が日本でよく売れるのは、日本人の「債券好き」をよく表しています。

① 日経平均連動債：日経平均株価が一定期間、一定水準以下に下がらなければ、高い利回りで償還される債券。ただし、日経平均がその水準を下回ると、日経平均に連動して償還元本が決まるため、大きく元本割れする。高格付の発行体が発行する円建て債券に、日経平均プット（売る権利）の売り建てをセットすることによって作る「仕組債」の一種。

② EB債（他社株転換条項付き債券）：ある株式の特定銘柄が一定期間、一定水準以下に下がらなければ、高い利回りで償還される債券。ただし、株価がその水準を下回るとその株に転換されるため、大幅に元本割れとなる。

高利回りの「裏」を読む

さて、先ほどのクイズの答えをお伝えします。まず、問題をもう一度、見てください。

クイズ 投資するなら、どっち？

A　社債（円建て・10年固定利付き・残存5年で利回りは年12％）

B　個人向け国債（5年固定利付・利回りは年0・05％）

ABのどちらかに必ず投資しなければならないという条件で、どちらかを選べという問題でした。答えはBです。

利回り0・05％の個人向け国債は面白みのない投資対象です。それでもデフォルト（債務不履行）リスクの高い社債に投資するよりはましです。円建てで12％の利回りが出る社債などに投資すべきではありません。倒産が懸念されている企業の債券かもしれないからです。「社債の発行企業名が出ていないので判断できない」と思った人がいるかもしれません。これは、特定の社債を想定したクイズではありません。発行会社がどこかわからなくても、現に今、12％の利回りがついているという事実が重要なのです。「これは相当リスクの高い社債だ」と考えなければなりません。

証券用語に「リスクフリー・レート」というものがあります。直訳すると、「デフォルトリスクのない発行体が発行する債券の利回り」という意味です。日本では日本国債の利回りがそれに当たります。日本国債も厳密に言えば、デフォルトリスクがゼロではありませんが（実際、第二次世界大戦後にデフォルトしたことがある）、証券投資では、国債利回りをリスクフリー・レートと呼んできました。

リスクフリー・レートを上回る利回りの出る金融商品には、必ずその利回りを出すためのリスクが含まれています。そのリスクが何であるかを知らず、負う価値のあるリスクかどうか判断しないまま、「債券だから安全・安心」と勘違いして大金を投じるのは絶対にやってはいけません。「やってはいけない、利回り投資の大失敗」につながるリスクがあります。

債券に分散投資することも、短期的な価格変動を抑える上で必要です。ただし、「債券なら安全・安心」と思い込んではいけません。日本国が発行する国債の信用は高いですが、個別企業が発行する社債や、過重債務国が発行する国債（過去にデフォルトしたことのあるアルゼンチン国債など）には、株式以上にリスクが高いものがありますので、気をつけてください。

リスクを知った上で、高配当バリュー株に分散投資

株式は、多くの人が理解している通り、リスクの高い投資対象です。毎日価格が変動し、常に元本割れのリスクを抱えています。それでも適切にリスク管理すれば、長期的に魅力的なリターンを提供してくれる可能性があります。

リーマンショックの時、株を保有していた投資家は、短期的にきわめて大きな値下がりに見舞われました。しかし、幅広く分散投資をして長期に株式を保有し続けていれば、リーマ

ンショックで下がった分は取り戻せています。今後も、急落・急騰を繰り返す日本や世界の株式に長期・分散・積み立て投資していくことが、資産形成に寄与するはずです。

本書の執筆に当たり、日経ＢＰ　日本経済新聞出版本部の桜井保幸氏に貴重なアドバイスの数々をいただきました。この場を借りて心より御礼申し上げます。

筆　者

著者略歴

窪田 真之（くぼた・まさゆき）

楽天証券経済研究所　所長兼チーフ・ストラテジスト

1984年慶應義塾大学経済学部卒業、大和住銀投信投資顧問などを経て、2014年より楽天証券経済研究所チーフ・ストラテジスト。2015年より所長兼務。

日本株ファンドマネージャー歴25年。年間100社を超える調査取材をこなし、公的年金・投資信託・NY上場ファンドなど20代で1000億円以上、40代で2000億円超の日本株運用を担当。ベンチマークである東証株価指数（TOPIX）を大幅に上回る運用実績をあげてきた。

ファンドマネージャー時代の1999―2013年に毎週書いてきた投資情報「黒潮週報」は、英語・中国語に翻訳され、海外機関投資家に配布されてきた。中東・中国・東南アジアに出張し、機関投資家と直接対談してきた経験から、外国人投資家事情に精通。

楽天証券では2014年から現在まで、同社投資メディア「トウシル」にて月曜日から木曜日まで「3分でわかる！今日の投資戦略」を連載。月間240万ページビューをあげる人気コラムとなっている。

財務会計基準機構「基準諮問会議」委員、内閣府「女性が輝く先進企業表彰選考会」委員など歴任。

著書に、『投資脳を鍛える！株の実戦トレーニング』『IFRSで企業業績はこう変わる』（日本経済新聞出版社）、『クイズ！会計がわかる70題』（中央経済社）など。

NISAで利回り5%を稼ぐ

高配当投資術

2021年6月14日　1版1刷
2021年7月2日　2刷

著　者　窪田真之

発行者　白石　賢
発　行　日経BP
日本経済新聞出版本部
発　売　日経BPマーケティング
〒105-8308　東京都港区虎ノ門4-3-12

装　幀　鈴木大輔（ソウルデザイン）
DTP　マーリンクレイン
印刷・製本　三松堂

ISBN978-4-532-35889-1

本書籍に関するお問い合わせ，ご連絡は下記にて承ります。
https://nkbp.jp/booksQA

Printed in Japan